国家自然科学基金（面上）项目（项目编号：51875270）
镇江市重点研发计划项目（项目编号：GY2017004）
资助出版

船体外板曲面线加热成形关键技术研究

齐　亮／著

吉林大学出版社
·长春·

图书在版编目（CIP）数据

船体外板曲面线加热成形关键技术研究 / 齐亮著. --
长春：吉林大学出版社, 2020.4
ISBN 978-7-5692-6419-7

Ⅰ.①船… Ⅱ.①齐… Ⅲ.①外板(船舶)—曲面—热
成型—研究 Ⅳ.①U663.1

中国版本图书馆CIP数据核字(2020)第068741号

书　　名：船体外板曲面线加热成形关键技术研究
　　　　　CHUANTI WAIBAN QUMIAN XIANJIARE CHENGXING GUANJIAN JISHU YANJIU

作　　者：齐　亮　著
策划编辑：李承章
责任编辑：安　斌
责任校对：柳　燕
装帧设计：刘　丹
出版发行：吉林大学出版社
社　　址：长春市人民大街4059号
邮政编码：130021
发行电话：0431-89580028/29/21
网　　址：http://www.jlup.com.cn
电子邮箱：jdcbs@jlu.edu.cn
印　　刷：广东虎彩云印刷有限公司
开　　本：787mm×1092mm　　1/16
印　　张：10.5
字　　数：230千字
版　　次：2020年4月　第1版
印　　次：2020年4月　第1次
书　　号：ISBN 978-7-5692-6419-7
定　　价：68.00元

前　言

各类船舶的外表面均由不可展的、复杂的三维空间曲面构成，把船用钢板通过无模成形的方法加工成船体外表面的弯曲形状，目前世界各地船舶工业普遍都采用线加热（Line Heating）工艺。但是长期以来针对此项工艺，国内造船厂都是依靠有经验的工人手工作业实现，目前还未有成熟可靠的得到广泛应用的自动化设备。随着现代造船技术的发展和造船模式的转变，手工经验型的工艺模式无论在速度上和质量上都已远远满足不了现代造船生产的需要，这已经成为明显约束船舶建造质量和周期的一个"瓶颈"。

本书围绕船体外板曲面线加热成形工艺，开展了船体外板线加热工艺有限元数值模拟建模、船体外板表面变形神经网络预测模型、船体外板线加热成形实验验证、智能决策支持系统、"变速度"及"双重"新的线加热模式的研究、"梯形"线加热方式的探究、基于机械臂的复杂曲线加热研究、机械臂轨迹规划及阻抗控制研究、机械臂平台实验研究、机械臂轨迹优化研究、双机械臂的运动学分析、双机械臂的协同控制研究、船体外板曲面成形双机械臂装备及实现方法研究等内容。本书所做的主要工作和取得的研究成果如下：

（1）船体外板线加热工艺有限元建模研究

本书首先在线加热工艺变形纯机理数学模型的基础上，建立基于 ANSYS 有限元分析软件的线加热工艺有限元计算模型，然后通过求解该模型得到大量仿真算例，在此数据基础上分析了温度场和变形场，从中发现了"不均匀变形"现象和"单"线加热变形效果较小的现象。

（2）船体外板变形预测模型的研究

本书通过整合对船板残余变形有影响作用的多个加工工艺参数，提出了两个旨在更好表征气体热源面输入效果并能综合体现多个参数整体作用的复合变量，很好地解决了多个工艺参数与残余变形量之间拟合难度较大的难题。通过分析处理大量有限元数值仿真计算得到的三种不同板厚的船板变形数值仿真数据，提取神经网络学习样本和测试样本，利用多输入多输出支持向量机（MIMO-SVM）建立复合变量和船板残余变形量之间非线性关系的船板变形预测模型。以有限元数值模拟数据和神经网络预测数据为基础建立了综合数据库，为下一步实现智能决策支持系统提供了数据来源。

（3）船体外板线加热工艺的实验研究

本书描述了作者项目团队研制船体外板曲面线加热成形自动化设备样机的基本情况，并借助该设备开展了线加热工艺的实验研究。制订实验方案验证有限元模型和神经网络预测模型的有效性和可靠性，同时也证明了"不均匀变形"现象和"单"线加热变形效果较小现象的客观存在。

（4）船体外板线加热成形工艺智能决策支持系统的研究

本书将智能决策引入到船体外板曲面成形领域中，构建了智能决策支持系统，包括知识库和推理机。知识库由船板特征信息库、工艺规则库及方法库和资源库组成。其中在构建知识库船板特征信息库时应用了特征建模技术建立了特征元和加工元等知识单元。工艺规则库包含船厂线加热工艺实操人员以规则形式存储的经验知识，方法库包括本书提出的不均匀划分船板展开方法。资源库则包括船板加工所用的加热头、重块、夹具、数控机床行走机构以及测量设备等各种资源。然后给出了推理机的推理过程，建立了线加热工艺评价指标体系，根据实际生产要求采用蚁群算法寻找最优的加工方案。最后编制相应软件，建立基于 C♯、Matlab 和 SQL Server 的智能决策支持系统软件平台，实现了为工艺实操人员提供优化的线加热加工方案的目的。

（5）"变速度"和"双重"新加工模式研究初探

本书针对船体外板曲面成形加工过程中出现的"不均匀现象"和"单"加热线变形较小的现象，提出了"变速度"和"双重"线加热的新加工模式，并通过建立了相应的有限元模型仿真计算获得了新加工模式下的温度场和变形场的有限元数据，表明两种新的加工模式能分别有效地消除"不均匀变形"现象和提高船体外板曲面的变形量。

（6）"梯形"线加热方式初探

本书提出一种新型的加工方式梯形加热，其本质上属于船体外板曲面成形加工方式中的收边加热，是收边加热工艺当中靠近板边有效加热面积最大的一种成形方式，通过建立梯形加热的热结构有限元模型进行仿真计算得到"梯形"线加热方式下温度场和变形场的有限元数据，然后将实验测得梯形加热变形的结果和计算的模拟结果进行比较，验证了梯形加热有限元模型是可靠的，为预测梯形加热工艺产生的最终变形提供了依据，同时也为船体外板曲面成形变形机理的研究做了补充。

（7）基于机械臂的复杂曲线加热初探

本书针对现有的一些原理机采用直线加热模式无法满足加热输入量需求的问题，结合了船体外板曲面成形加工中的经验，提出了一种螺旋式的加热方式，并且应用到船体外板曲面成形机械臂中，并通过 ANSYS 软件验证了螺旋轨迹相对于直线轨迹确实能够达到更好的加热效果，同时采用机械臂进行加工有效地提高工艺加工的效率。

（8）船体外板曲面成形机械臂轨迹规划及阻抗控制研究

本书首先对机械臂轨迹的研究主要采用 B 样条曲线的轨迹规划和笛卡儿空间的空间圆弧规划方法，然后在 Matlab 软件中建立了船体外板曲面成形机械臂仿真模型对任务优先级算法在螺旋加热轨迹中的有效性进行了验证，其次对船体外板曲面成形加热中可能意外出现的机械臂和钢板的碰撞进行研究，使用阻抗控制方法对机械臂进行柔顺控制，仿真结果证明使用阻抗控制能够很好完成船体外板曲面成形机械臂的加工任务。

（9）ABB 工业机械臂平台实验研究

本书使用 ABB 工业机械臂实验平台以及相关的软硬件设施进行实际的加工任务，首先通过船体外板曲面成形专家系统得到加热线分布，然后用 ABB 工业机械臂实验平台沿加热线对钢板进行了加热实验，验证了采用螺旋加热轨迹的机械臂实验平台加热效果优秀。

目　　录

第一章 绪 论

1.1 研究背景和意义

    各种船舶的外表面都是由复杂、不可展的三维空间曲面构成，把船用钢板通过无模成形的方式加工成船体外板表面的弯曲形状，在船舶制造流程中称作为"船体外板曲面成形工序"。目前世界各地船舶制造企业在此"工序"上普遍采用"线加热"成形工艺方法。该工艺方法属于热应力成形，是船舶建造过程中"船体外板曲面成形工序"所常用的成形方法，其过程是利用氧乙炔焰或其他热源对钢板表面进行加热，钢板受热膨胀，然后又利用冷却水对其进行快速冷却而自由收缩，使钢板产生较大的热应力而弯曲变形。

    目前，国内船舶制造企业的实际生产线中，"船体外板曲面成形工序"之前的船体设计、放样、展开、号料、切割等工序均实现了计算机化，其后的装配、焊接工序也均实现了机械化、自动化和流水线化；然而，唯有此工序仍然靠有经验的熟练技术工人使用氧乙炔焰进行手工加热作业（如图 1.1 所示，生产环境恶劣、污染严重、对人身体健康危害大），鲜有成熟可靠的自动化设备得到广泛应用。随着现代造船技术的发展和造船模式的转变，手工经验型的工艺模式无论是在速度上和质量上，还是在绿色化、自动化和信息化程度上都已远远满足不了现代造船生产的需要，这已经成为制约船舶建造周期和质量的一个"瓶颈"。

图 1.1 "线加热"工艺手工操作模式

中国船舶工业协会发布的《2018 年船舶工业经济运行分析》[1]数据显示，2018 年全国造船完工量 3458 万载重吨，同比下降 14%；承接新船订单量 3667 万载重吨，同比增长 8.7%；12 月底，手持船舶订单量 8931 万载重吨，同比增长 2.4%。全年造船完工量、新船订单量和手持订单量在全球市场所占份额分别为 43.2%、43.9%和 42.8%。由此可见，我国是造船大国的地位逐渐巩固，造船形势良好，自然船舶制造企业对成形钢板的需求巨大，且种类繁多、加工要求复杂；同时，由于全球航运和造船市场持续低迷，如何面对"接单难""交船难""盈利难"等难题，船舶制造企业将面临严峻的挑战。

本书研究船体外板曲面线加热自动成形关键技术，为最终实现"线加热"工艺方法完全自动化提供有利的理论支撑。同时，该研究可以提高生产效率和产品成品率，提升我国造船能力、造船企业在国际市场的竞争力和我国造船工业的出口创汇能力；大幅度改善船厂工人的作业条件，减轻工人作业强度；大幅度提升节能减排能力，增强生产的经济效益和社会效益，充分体现"绿色造船"的新理念；特别地，在提高我国的舰船建造能力方面，此项工艺的深入研究是适应当前国际形势需要的，对于提升我国的国防能力，维护世界和平都有重要的意义；因此本研究具有重要的学术价值、工程意义和广泛的应用前景，对于促进我国该类设备的国产化和产业化也有重要意义。

1）本课题研究将有力推进全方位实现"数字化造船"和"绿色造船"。

2009 年，国务院下发《船舶工业调整和振兴规划》[2]（简称《规则》）中明确指出：骨干船舶企业基本建立现代造船模式，三大主流船型平均建造周期缩短到 10 个月以内，单位工业增加值能耗 3 年累计降低 15%，钢材利用率显著提高。很明显，《规划》对船舶的建造周期、能耗和钢材利用率给出了明确指标。

本书研究使得"线加热"工艺方法在生产过程中实现绿色化、自动化、信息化、智能化和精密化，能有效打破制造企业低成本、无核心技术、缺模式创新、节能减排难等困难，建设资源节约型的船舶工业，以低碳技术提升行业竞争力，全方位实现"绿色造船"和"数字化造船"。

2）本课题研究将有力促进我国船舶配套业发展和船舶工业结构调整，实现真正意义的"中国装备"和"中国制造"。

作为世界造船大国，我国相比发达国家船舶配套 90%的国产化率，国内船舶配套国产化率不到 50％。《2018 年船舶工业经济运行分析》[1]数据显示：2018 年规模以上船舶工业企业实现 4032.2 亿元产值，其中船舶制造业 2853.6 亿元，船舶配套业 499.8 亿元，船舶修理业 195.6 亿元。从上述经济运行数据可以看出，按照船舶配套设备费用占总船价的 40％计算，我国船舶配套业产值应该在 1612.9 亿元左右，而实际上船舶配套业产值仅为 499.8 亿元。我国船舶配套业发展空间很大，船舶配套产业的整体升级换代，必将对船舶工业的发展带来强大的带动力和聚集效益。

我国船舶工业已进入全面做强的战略新阶段，提高船舶装备技术水平是支撑做强的重要方面，也是国际竞争力增强的主要标志。提升技术水平和加大技术储备对高技术、高附加值的船舶工程产品尤为重要。通过对船舶建造中的一个重要环节——船板曲面成形加工工序的"线加热"工艺方法进行研究，为实现该工艺全面自动化提供理论支撑，将对我国在船舶自动化数控设备发展起到重大推动作用，实现在"中国制造"的船舶建造过程中能有更多的"中国装备"发挥重要作用，从而有力推进我国船舶配套业的快速发展；进一步提高船舶配套业占船舶工业总产值的份额，有效促进船舶工业结构调整。

1.2 "线加热"工艺方法简介

"线加热"工艺方法是造船生产过程中技术性非常强的热-结构无模成形工艺方法，是现代造船企业完成船体外板曲面成形加工的主流方法。该工艺方法隶属于热-弹塑性问题的范畴，主要机理为：通过对船板实施局部受热和冷却，并在一定的边界约束条件下使加热区域的部分材料产生不可恢复的塑性收缩，从而使船板整体发生弯曲变形。

该工艺方法的加工过程示意图见图 1.2，在大多数船舶制造企业中，通常选取氧乙炔（或丙烯）气体燃烧火焰作为加热船板的热源，具体加工过程如下：

1）根据船舶生产设计等相关软件（TRIBON、CATIA 等）输出的船板期望变形的位置和大小，采用板展开等方法确定火焰加热线的位置和长度；

2）根据工人经验确定加工工艺参数，热源沿着预设加热线轨迹进行船板局部加热，同时在其后间隔一定的距离（通常为100～130mm）处，冷却水跟随热源加热头进行强制冷却。

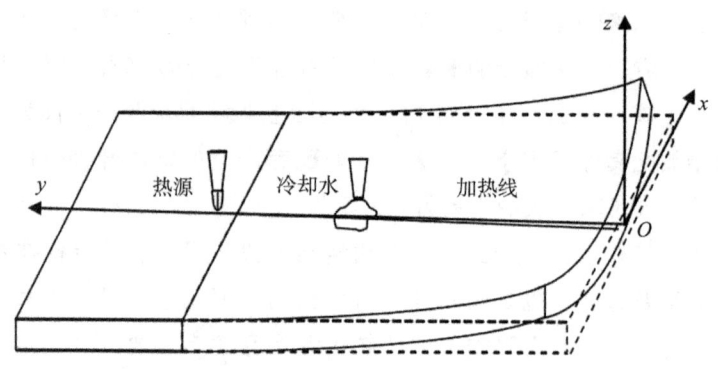

图 1.2 "线加热"工艺加工过程

氧乙炔（或丙烯）气体燃烧火焰沿加热线匀速移动对船板表面实施局部加热，使得表面和沿板厚方向上产生不均匀的温度场分布，属于钢板加热区域的金属材料受热发生膨胀，同时制约于周围冷却金属和船板边界条件，当由于膨胀受到挤压产生的应力大于船板材料屈服应力时，便产生了不可恢复的受压塑性变形。当冷却水进行冷却时，受热膨胀的金属遇冷收缩，由于存在不可恢复的塑性变形，船板无法恢复到受热膨胀之前的状态便产生了局部变形，船板变形情况如图1.3所示。

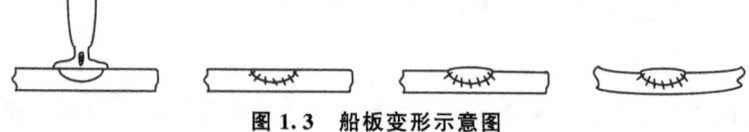

图 1.3 船板变形示意图

船用低碳钢作为船板的主要来源，其"线加热"工艺的表面温度通常在500～850℃之间，此温度决定着乙炔耗能、船板变形量大小以及工艺条件的高低。影响船板线加热局部变形的因素主要涵盖以下方面：

1）船板几何形状参数（板厚/板长/板宽）；

2）加工工艺参数（乙炔流量/加热速度/加热轨迹/加热线长度/加热线宽度/加热线形状）；

3）冷却方式（空气冷却/正面水冷/背面水冷）；

4）边界条件（两端自由/支撑，四角支撑）。

此外，由于温度场在船板内存在不均匀分布，导致热弹塑性变形不仅存在于垂直于加热线的方向，还存在于沿加热线方向和沿板厚方向；诸如随温度变化的热膨胀系数、屈服极限的船板材料特性参数、船板的支撑约束条件都会对船板最终变形产生一定的影响。

"线加热"工艺主要应用于双曲率等复杂船体外板的曲面成形加工，目前国内船舶制造企业主要是依据工艺实操人员的经验知识去判断加热线的位置、气体流量大小和加热速度，通过反复修正达到设计要求的曲面形状。

船体外板中最为常见的双曲率板是帆形板（图1.4）和鞍形板（图1.5）。针对不同类型的船板，布置加热线的方式也不尽相同：①帆形板的加热线通常布置在船板两侧与主弯曲方向垂直的区域进行收边加工；②鞍形板的加热线通常布置在船板的中间与主弯曲方向垂直的区域。通常情况下，对于整体变形曲率不大的船板，加热线布置将会较稀疏一些，而对于如船体球艏、船艉和轴包架曲率很大的船板，其加热线布置密且长。

图 1.4 帆形板　　　　　　　　　　　图 1.5 鞍形板

在双曲率船板实际加工过程中，有经验的实操人员还会借助其他方式辅助加工双曲率船板：首先根据船舶设计软件提供的船板肋骨型值确定出预辊弯形状，初步得到预辊弯半径，然后利用辊弯机加工出船板的单向曲率，即主曲率方向。再应用外力，如行车牵引力、楔木的楔入以及船板的自重使船板尽可能大地产生另一方向的曲率。

1.3 国内外"线加热"工艺发展现状

1.3.1 "线加热"曲面变形规律研究

"线加热"工艺方法最初是采用氧乙炔气体作为加热热源。Rykalin是最早针对氧乙炔热源开始研究的，首先构建了基于高斯分布的热流模型，该热源模型之后被其他学者用在有限元分析上，是目前研究温度场的主要热源模型。在确定热源模型之后，Shin[3,4]、Yu[5]等相继给出了该热源模型的热传导方程，并结合控制方程和边界条件获得温度场的数学模型；忽略变形场对温度场的影响（实际的变形场和温度场是耦合的），然后将温度场的温度载荷施加到变形场，以此建立了瞬态热弹塑性变形场的数学模型。至此，基于氧乙炔气体热源的机理模型完成建立。然而上述机理模型求解极其困难，早期多以半解析解的形式出现。不过随着计算机的发展、有限元分析软件的出现、关系拟合算法的进一步完善，采用数值模拟法和实验法相结合的方式成为现在主要的研究方式，这为求解机理模型提供了新的思路。

Martin[6]和 Yu[7]等都建立了线加热数值模拟模型，分析了温度分布、应力分布以及残余变形量情况，分析了热源移动和热损失等因素对线加热的影响，确定了热影响区域的形状，并对此区域的角变形进行了分析和计算，同时通过钢板的线加热实验与模型的模拟结果进行了比较，确定了计算模型的精确性。

Clausen[8,9]对线加热过程进行 ANSYS 有限元模拟，获得了塑性应变结果和加热条件的经验关系，然后对加热区塑性应变进行线性化处理。这种分析处理的方式，其优势在于将已知应变直接加载到任何形状的船板上，变形计算结果很快就会获得，比完全弹塑性分析计算速度快很多。

Vega[10]研究了线加热过程中冷却水对变形的影响，并将研究的结果记录在变形数据库当中，通过实验方式验证了建立的数据库完全可以用于自动化设备预测船板变形。

Nakjima[11]通过实验数据分析了钢板上下表面的最高温度、加热区域宽度、预加热等多个加工参数与角变形之间的关系。

Choi[12]利用自动化加工设备对船板进行加工，分析了影响船板加工质量的三个重要参数，研究了温度变化和加工参数之间的关系，同时也探讨了加热表面最高温度和热源以及加热速度之间的关系。

Kim[13]先通过内应力分布原理计算板展开后内应力的分布，然后布置加热线，利用数值方法计算了三角形加热的温度场和变形场分布，并将计算结果和实验结果进行对比，验证了计算模型的可靠性。

国内开展"线加热"工艺方法的研究起步较晚。董大栓[14]建立了"线加热"工艺中钢板的温度场及变形场的有限元计算模型，然后通过 ANSYS 有限元软件得到几种加工参数下的有限元计算结果，以此分析了温度场及变形场。

张雪彪[15]建立了一个非线性瞬态间接耦合的热-结构分析的三维有限元模拟模型，其数值模拟结果与实验测量值相一致；并在分析实验数据的基础上，提出了综合反映热源参数的体功率模型；并尝试把这个复合变量作为“线加热”工艺方法参数和变形关系的自变量。

王忠强[16]针对艏艉部分的船体外板线加热加工过程，进行了 ANSYS 有限元数值模拟，分析了加热线间距影响局部收缩量的规律，并通过实验验证了计算结果的可靠性。

张安超[17]通过 ANSYS 数值模拟结果着重研究了沿板厚方向上的温度场分布情况，通过设计数值试验提出线加热变形标称温度及温度场表达参数，并研究分析了标称温度与加工参数及变形场参数之间的关系。

朱秀莉[18]通过建立 BP 神经网络模型，并利用实验数据训练神经网络模型，得到了位移系数与这些输入参数的关系，其中以船板厚度角变形量作为输入参数，位移系数作为输出参数。同时提出了计算复杂曲面船板角变形量的准确方法。

李飞[19]采用双三次非均匀 B 样条表达曲面船体类球面板，在曲面拟合基础上对曲面进行放射状划分，提出了船体类球面外板放射状展开方法；曲面展开后，根据展开结果进行了焰道布置和收缩量的计算，最后布置了焰道。

近几年，电磁感应线加热工艺成为国内外不少学者的研究重点和热点。Park[20]开发了一个自动化线加热系统，应用高频感应作为热源，通过开发加热工艺信息计算软件，将线加热和收边加热工艺的数据写入数据库中，配套其他附属设备，构成自动化加热设备。

Fujit[21]将电磁感应作为热源，研究不同板厚情况下电磁感应加热的涡流场分布，应用积分方程的方法来解决电磁感应加热的问题，最后将有限元模型同实验条件下的变形场结果进行了比较。

Galunin[22]提出了在电磁感应加热条件下准稳态下几种预测温度场的方法，论证了所建立热磁耦合模型的优势和劣势。

Nguyen[23]基于电磁感应加热的方式，运用人工神经网络来建立加热线的预测模型，其中将变形板的竖直位移作为输入参数，将加热线作为输出参数。

Lee[24]建立高频电磁感应加热的电磁热耦合数值模型，通过试制的加热设备验证了数值模型的可靠性，验证了在热源输入功率和加热速度一定的情况下温度场分布的情况。

Nguyen[25]应用电磁感应作为加热的热源来研究三角形加热模式,通过建立一个简化的热弹塑性模型和层板理论来预测三角形加热船板的变形,通过实验的方式验证了模型的可靠性和理论的可靠性。

潘作为[26]针对感应加热磁-热耦合过程和热弹塑性变形过程进行了数值模拟,并设计了电磁感应器。

孙风胜[27]针对高频感应加热进行了有限元模拟,并结合相关的实验探讨了感应加热的各个参数对于船板变形的影响。

杨玉龙[28]建立了船板静止式高频感应加热的二维数值模型,通过数值模拟分析研究船板加热和水冷过程中温度场的分布规律和变形情况,并通过具体实验验证了模型的可靠性。

石兵[29]结合线加热成形的机理和平板电磁成形系统方法,依据电磁力辅助线加热设备的工艺原理,设计了电磁力辅助线加热成形装置,并讨论了元件的工作原理。

张雪彪等[30,31]建立二维电磁热耦合数值模型,开展了数值分析和实验研究,并分析了感应加热过程中船板电磁场和温度场的分布规律。

安国银等[32]建立船板高频感应加热有限元模型,分析了加热区域加热线方向和厚度方向关键点的温度、等效应力随着时间的变化规律,并分析了选取板上关键点在加热结束时、冷却后的温度以及横向位移和残余等效应力的变化云图。

柏劲松[33]提出了在高频加热过程中使用的温度感应器的设计思路和方法,通过模拟计算检验设计方法的准确程度,并修正设计参数来得到感应加热船板的最佳温度分布。

1.3.2 参数预报方法研究

参数预报方法目前主要是针对氧乙炔气体热源。Katsuta[34]通过有限元法建立了线加热工程模拟系统,帆形板、鞍形板等曲面板的几何分布来确定加热线的布置,通过三维热弹性模型的耦合分析来模拟线加热热塑性变形过程,对加工参数进行预报分析,同时通过实验对所预报的结果进行对比,得到预报的结果与实验结果大体上相似。

Kuo[35]利用模糊算法和逆算法分析热源的气流量和热源移动速度等对加

工效果的影响，实现了对加热线布置的预报方法。

Shin[36]根据线加热的预报对象，提出了一种能够为加工人员和自动化线加热设备提供加热线布置、热源移动速度等其他加热信息的控制系统。

Vega[37,38]建立三维有限元热弹塑性模型来研究厚板变形，提出了针对不同板厚的船板和不同加工条件下边缘效应对船板变形影响的预测方法；建立三维热弹塑性有限元模型来研究加热线重叠情况下的船板变形，应用此方法可以得出不同板厚船板在多条加热线重叠情况下的船板变形。

Biswas[39]提出通过计算曲板的应力分布确定加热参数的方法，在此基础上对求解出的应力分布进行优化，求解出最小的总体应力分布，这样就可以使用最小的原始板材，节省船板材料，起到节省成本的作用。

刘玉君等[40]建立自适应 BP 神经网络模型，其中燃料气体流量、火焰移动速度、加热线和板厚为输入参数，热效率和热源半径为输出参数，用以预测任意工况下的热效率和热源半径。将预测结果应用于 ANSYS 软件，对温度场进行有限元模拟计算。

刘滨等[41]首先应用有限元软件对线加热进行仿真，然后利用仿真结果作为训练样本建立加工参数与船板表面变形之间的神经网络（ANN）模型，应用该神经网络模型对船板的表面变形量进行预测。

邓燕萍等[42]设计并实现了船体外板精确展开计算、船体外板加热线布置优化、船体外板加工用见通数据计算、Tribon 数据接口和系统工程数据库等功能模块，根据系统结构设计流程，应用 VB 软件开发了船体外板线加热成形工艺参数预报系统。

郭培军[43]以线加热加工过程中的船板厚度、乙炔流量、加热速度和加工时间和作为神经网络输入参数，热源热效率和热源半径作为神经网络输出参数，建立了一种可以预测热源模型参数的 BP 神经网络方法。

侯倜[44]提出基于遗传算法（GA）和支持向量机（SVM）的焰道布置优化方法，以成形曲面和设计曲面之间的形状误差最小为优化目标，将加热线布置优化问题分解成计算最小形状误差和搜寻最佳匹配位置两个问题，并分别运用嵌套 GA 和 SVM 来实现这两个问题的求解，并通过实例验证该方法的可靠性。

陈伟[45]根据帆形板及鞍形板的加热线布置原则，建立了加热线布置优化的数学模型，对其进行求解时采用惩罚函数法，得到了加热线布置优化结果，并给出船板加热时诸如加热线长度、位置及加热速度的工艺参数。

1.3.3 "线加热"工艺自动化设备

日本作为"线加热"工艺的发源地，早在 20 世纪 70 年代就开始了对船板曲面成形自动化加工装备的研究，其中包括东京大学和大阪大学等一些知名高校实验室，其中 IHI 公司试制的 IHI-α 自动化加工设备，是目前较为先进的弯板自动化设备，如图 1.6 所示，韩国汉城大学研制的 iCALM 自动船板曲面成形加工设备，如图 1.7 所示。但上述设备具体实用情况的资料不详。

图 1.6 IHI-α 水火弯板机

图 1.7 iCALM 自动水火弯板机

我国在船板曲面成形自动化装备的研制上也取得了很多进展，其中包括大连船舶重工集团有限公司与大连理工大学合作开发的大型复杂曲面船板水火成型机器人，如图 1.8 所示；广州广船国际股份有限公司和上海交通大学合作研发的自动化设备如图 1.9 所示，但这些装备目前还处于大量试验的阶段，未能得到广泛应用。

图 1.8　船板曲面成形机器人

图 1.9　水火自动弯板机

国内外对"线加热"工艺自动化的理论研究和装备实现还有以下成果：

Noh[46]为了建立协同自动化船板曲面成形设备，提出了一种基于嵌入式系统用于分布式自动化加工设备，并与船厂的实际加工进行了对比。

Iwamoto[47]开发了单目视频可视头戴式显示器，可以实现对不熟练的船板加工技术工人进行指导。最后在船板加工过程中，此设备提供的指导参数和熟练技术工人提供的加工参数进行了实验对比。

何远豪[48]通过以太网协议与上位工控机和下位 PLC 进行实时通信，开发实现"线加热"工艺运动控制程序，实现了线加热机加工过程的自动化。

江伟欢等[49]研发了基于嵌入式运动控制器和 PLC 控制系统，使用 PLC

通过 MODBUS 通信对运动轴和数字输入输出进行扩展，设计了 PLC 的 MODBUS 主站通信程序和伺服驱动程序，建立的运动控制系统满足"线加热"工艺要求。

唐伟[50]开发了线加热自动化设备中加热头的距离随动保持系统，实现了用电机带动加热头上下移动来保持它与船板的距离不变的功能。

剪欣[51]开发了一种以嵌入式运动控制器为控制核心，并采用 PLC 作为辅助控制和保护的智能控制系统，运动控制器实时控制运动轴，并通过以太网通讯与上层界面实现交互，控制系统满足弯板加工成型的智能化需求。

陈翀[52]设计了以嵌入式运动控制器为控制核心的八轴运动控制系统，并通过以太网与上位工控机进行实时通信，实现人机交互；通过 Modbus 与 PLC 通信，实现数字输入输出口的扩展。

潘敏[53]提出了一种基于曲面轮廓度误差分析的船板曲面成形的自动判别方法，采用激光测量的方式获取船体外板曲面三维点云数据，通过重构后测量曲面匹配于设计模型曲面。

甄希金等[54]提出了基于主动双目激光三维扫描的船体曲面成型检测方法，建立了基于主动双目激光三维扫描的船体曲面成型检测原型系统，实现了线加热过程中船体曲面的在线检测及显示、偏差计算。

钟华[55]提出一种基于机器视觉的三维重建方法，可以快速、直观地得到船体外板的尺寸信息，满足加工的基本要求。

陈典[56]提出了一种新型水火弯板板形检测方法，并引入信息物理融合系统的思想及相关技术，构建具有外板加工实时检测、外板成形协同检测等功能的水火弯板板形检测系统。

1.4　本书研究的主要内容

由 1.3 节所述的国内外发展现状不难发现，大量学者和科研人员围绕船板曲面线加热成形工艺开展了大量富有成效的研究工作，取得了丰硕理论成果，为实现"线加热"工艺自动化提供有力的理论支撑。

近年来，高校、研究所和高新技术企业投入了很多人力、物力用于研制线加热自动化装备，并且取得了很大的进展。然而，目前的情况是鲜有成熟、可靠和有效的线加热自动化加工装备在国内船舶制造企业得到应用,大部分"线加热"工艺自动化装备目前还只停留在试验阶段。究其原因还是因为船厂加工现场工况恶劣,受工况影响导致"线加热"工艺具有复杂性和多样性,众多研究成果没有很好地应用到实际生产。

研制"线加热"工艺自动化加工装备,船板的变形机理是最核心的理论基础,即如何有效得到表征加工参数和残余变形之间非线性、耦合和定量关系的有效数学模型。在具体实现过程中,加工装备如何根据船舶设计 Tribon 软件设计的期望曲面形状确定线加工参数是研制过程中难度最大的部分。

此外,高频感应热源是目前研究的热点,但就目前而言现有条件很难满足有效开展感应加热的磁-热强耦合模拟及实验分析的要求;高频电源回路的高压部分威胁人身与设备的安全,绝缘要求非常高;回路中大功率电子元件工作寿命较短且维护费用较高。

因此,本书以实施简便、易于控制的传统氧乙炔气体作为热源,针对以下实现"线加热"工艺自动化的关键技术方面进行研究,旨在为全面实现"线加热"工艺自动化提供理论支撑。

(1)"线加热"工艺有限元建模研究

本书首先在"线加热"工艺变形机理数学模型的基础上建立工艺有限元模型,然后利用 ANSYS 有限元分析软件编写有限元数值模拟程序完成船板温度场和变形场的求解,并得到大量仿真算例,在此数据基础上分析了温度场和变形场的有限元数值结果,从中发现了"不均匀变形"现象和"单"线加热变形效果较小的现象。

(2)船体外板变形预测模型的研究

本书通过整合影响船板残余变形的多个加工工艺参数,提出了两个旨在更好表征气体热源面输入效果的复合变量。通过大量有限元数值仿真计算三种不同板厚的船板变形,利用多输入多输出支持向量机(MIMO-SVM)建立复合变量和船板残余变形量之间的非线性关系模型。以有限元数值模拟数据和神经网络预测数据为基础建立了综合数据库。

(3)"线加热"工艺的实验研究

本书描述了作者项目团队研制船体外板曲面线加热成形自动化设备样机的基本情况,并借助该设备开展了"线加热"工艺的实验研究。制订实验方案并验证有限元模型和神经网络预测模型。

（4）船体外板曲面线加热成形工艺智能决策支持系统的研究

本书将智能决策引入到船体外板曲面成形领域中，构建了智能决策支持系统，包括知识库和推理机。知识库由船板特征信息库、工艺规则库及方法库和资源库组成。然后给出了推理机的推理过程，建立了"线加热"工艺评价指标体系，根据实际生产要求采用蚁群算法寻找最优的加工方案。最后建立基于 C♯、Matlab 和 SQL Server 的智能决策支持系统软件平台，实现了为工艺实操人员提供优化的线加热加工方案的目的。

（5）"变速度"和"双重"新加工模式研究初探

本书针对船体外板曲面成形加工过程中出现的"不均匀现象"和"单"加热线变形较小的现象，提出了"变速度"和"双重"线加热的新加工模式，并建立了相应的有限元模型，并通过有限元仿真计算获得新加工模式下的温度场和变形场数据。

1.5　本章小结

本章首先介绍课题来源、概括课题的选题背景和意义，介绍国内外船体外板曲面成形"线加热"工艺的实验法、数值模拟法和自动化设备研究进展，在此基础上确定本课题的研究目的和内容，为后续章节围绕船体外板曲面成形"线加热"工艺研究奠定基础。

第二章　船体外板曲面线加热成形
数值模拟研究

　　船体外板曲面线加热成形工艺隶属于热弹塑性问题的范畴，其蕴含的温度场和变形场问题具有三维、瞬态、非线性和耦合等特性，求其解析解相当困难。随着计算机技术和有限变形理论的快速发展，计算机数值模拟方法成为用于"线加热"工艺的研究的主流方法，这样可以大大减少实验量、节约实验成本、方便地改变加工工艺参数和充分系统地探究加工工艺参数与船板残余变形之间的规律。"线加热"工艺过程的数值模拟，就是在建立线加热数值计算模型基础上，通过大量数值计算得到成形过程中温度及位移的变化情况。

　　本章在"线加热"工艺数学模型的基础上，建立船板温度场和变形场的ANSYS有限元计算模型，通过具体算例研究和分析温度场和位移场的规律，从中发现了"不均匀变形"和"单"线加热变形量偏小的两种现象。

2.1　船体外板"线加热"工艺数学模型

2.1.1　气体火焰热源模型

　　通常能够用于"线加热"工艺加工的热源包括三种类型：气体燃烧火焰、激光和高频电磁感应等热源。由于气体燃烧火焰具有操作灵活、设备简单和成本低廉等特点，目前绝大多数船厂采用该热源完成"线加热"工艺。因此，本书在研究过程中选用氧乙炔混合气体火焰作为加热热源，其属于预先混合气体火焰，氧乙炔气体燃烧火焰加热温度通常较高，其焰心的最高温度能达到3100～3300℃的范围。

　　一般地，研究氧乙炔混合气体燃烧火焰热源采用热流密度模型[65]（高斯分布），从图 2.1 中可以清晰地发现施加在船板表面上的气体燃烧火焰热流密度 q'' 沿半径的变化规律和近似的高斯分布曲线形状。

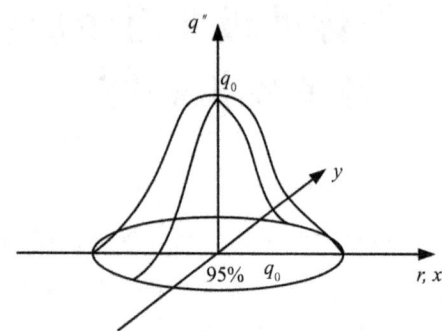

图 2.1　高斯分布的热流密度模型

q'' 可表示为：

$$q'' = q_0 \exp(- kr^2) \tag{2.1}$$

其中：

$$q_0 = 13.38 \frac{k\eta}{\pi} Q_{C_2 H_2}$$

$$k = \frac{3}{r_0^2}$$

其中：η 为热源效率，r_0 为热源半径。

q'' 又可变换为：

$$q''(r) = 40.14 \frac{\eta}{\pi r_0^2} Q_{C_2 H_2} \exp\left(- 3 \left(\frac{r}{r_0}\right)^2\right) \tag{2.2}$$

2.1.2　温度场数学模型[66]

设船板的外形尺寸（即长、宽和高）为 $L \times W \times h$，氧乙炔混合气体热源在 $t = 0$ 时刻以 v_f 速度从船板边缘沿预先设计的加热线匀速移动，则 t 时刻船板温度场 $T(x,y,z,t)$ 可表示为：

$$\frac{\partial}{\partial x}\left(\lambda \frac{\partial T}{\partial x}\right) + \frac{\partial}{\partial y}\left(\lambda \frac{\partial T}{\partial y}\right) + \frac{\partial}{\partial z}\left(\lambda \frac{\partial T}{\partial z}\right) = \alpha c_p \frac{\partial T}{\partial t} \tag{2.3}$$

其中：λ，ρ，c_p 分别代表船板的热传导系数、材料密度及定压比热。假设 λ，ρ，c_p 不随温度变化，则上式变为：

$$\frac{1}{a} \frac{\partial T}{\partial t} = \frac{\partial^2 T}{\partial x^2} + \frac{\partial^2 T}{\partial y^2} + \frac{\partial^2 T}{\partial z^2} \tag{2.4}$$

其中：a 为材料热扩散率，$a = \dfrac{\lambda}{(\alpha c_p)}$。

假设"线加热"工艺满足以下条件：①船板无限大；②加热时间足够长；然后将热源中心上的相对坐标系作为运动坐标轴中心，那么温度场则可作为稳态问题处理[54]，令 $x' = x, y' = y - v_f t, z' = z$，则公式（2.4）可简化为下式：

$$\frac{\partial^2 T}{\partial x'^2} + \frac{\partial^2 T}{\partial y'^2} + \frac{\partial^2 T}{\partial z'^2} + \frac{V_f}{a} \frac{\partial T}{\partial y'} = 0 \qquad (2.5)$$

公式（2.5）满足以下三个边界条件：

（1）初始化条件（$t=0$）

$T(x,y,z,0) = T_0$，T_0 为室温值 23℃。

（2）氧乙炔气体热源输入条件

假设加热线的直线方程为 $x=0$，$z=0$，则 t 时刻加热表面热流密度 q'' 可表示为

$$q''(x,y,0,t) = hf(x,y,0,t)(T_b - T_w) + q''_{rad}(x,y,0,t) \qquad (2.6)$$

（3）空气冷却和水冷却强制对流换热条件

本书处理空气冷却对流换热问题是按照平板空气换热情况的[66]，所选船板不同表面系数：$h_{top} = 0 \sim 58.46 \text{W}/(\text{m}^2 \cdot \text{K})$，$h_{hot} = 0 \sim 5.7 \text{W}/(\text{m}^2 \cdot \text{K})$，$h_{side} = 0 \sim 56 \text{W}/(\text{m}^2 \cdot \text{K})$。在水冷却过程中，膜态沸腾换热[67]理论可以处理温度在 200℃ 以上的壁面换热区域。

2.1.3　变形场数学模型

本节采用钢板变形运动学分析方法[68]确定船板曲面残余变形量。假设船板初始形状为平板状态，目标曲面为船体设计的期望曲面形状，假定船板曲面成形过程满足如下条件。

①船板变形过程中厚度处于不变状态，并且长度和宽度要远大于厚度；

②船板变形过程中同时发生面内收缩和弯曲变形；

③忽略剪切变形的情况。

船板处于初始平板上的任何一点 (u,v,w) 的位移都可用中性面的位移表达，如图 2.2 所示。

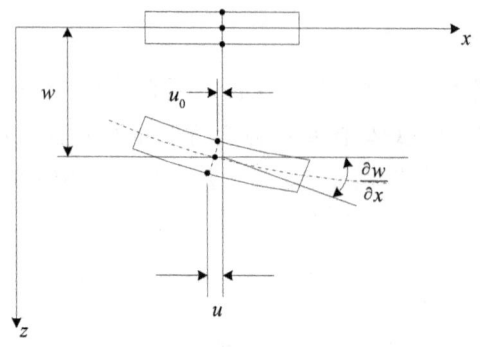

图 2.2   船板弯曲变形示意图

中性面的位移 (u_0, v_0, w_0) 表达式为：

$$\begin{cases} u = u_0 - z\dfrac{\partial w}{\partial x} \\[2mm] v = v_0 - z\dfrac{\partial w}{\partial y} \\[2mm] w = w_0 \end{cases} \tag{2.7}$$

应变关系为：

$$\begin{cases} \varepsilon_x \approx \varepsilon_x^0 - z\dfrac{\partial^2 w}{\partial x^2} \\[2mm] \varepsilon_y \approx \varepsilon_y^0 - z\dfrac{\partial^2 w}{\partial y^2} \\[2mm] \gamma_{xy} = \dfrac{\partial u_0}{\partial y} + \dfrac{\partial v_0}{\partial x} - 2z\dfrac{\partial^2 w}{\partial x \partial y} \end{cases} \tag{2.8}$$

2.2   线加热有限元计算理论模型

2.2.1   温度场有限元计算理论

"线加热"工艺船板温度场的有限元求解步骤如下[69]：

（1）温度场的离散化

在船板整板内将温度场 $T(x, y, z, t)$ 离散为：

$$\boldsymbol{T}(x, y, z, t) = (\boldsymbol{N}(x, y, z))^{\mathrm{T}} (\boldsymbol{T}_{\mathrm{e}}(t)) \tag{2.9}$$

其中：$(\boldsymbol{N}(x,y,z))^{\mathrm{T}}$ 代表单元形函数，$(\boldsymbol{T}_{\mathrm{e}})$ 代表单元节点温度矢量，这里温度场对时间进行求导得：

$$\dot{\boldsymbol{T}}_{\mathrm{e}} = (\boldsymbol{N})^{\mathrm{T}}\left(\frac{\partial\,\boldsymbol{T}_{\mathrm{e}}}{\partial\,t}\right) \tag{2.10}$$

对于气体燃烧火焰热源，结合上一节热传导微分方程和边界条件表达式，热传导有限元表达式如下式：

$$[\boldsymbol{C}_{\mathrm{e}}]\{\dot{\boldsymbol{T}}_{\mathrm{e}}\} + ((\boldsymbol{K}_{\mathrm{e}}^{b}) + (\boldsymbol{K}_{\mathrm{e}}^{c}))(\boldsymbol{T}_{\mathrm{e}}) = (\boldsymbol{Q}_{\mathrm{e}}) \tag{2.11}$$

$$[\boldsymbol{C}_{\mathrm{e}}] = \rho\!\int_{\Omega} c(N)(N)^{\mathrm{T}}\mathrm{d}v$$

$$(\boldsymbol{K}_{\mathrm{e}}^{b}) = \int_{\Omega}\lambda\left(\frac{\partial\,(N)}{\partial\,x}\frac{\partial\,(N)^{\mathrm{T}}}{\partial\,x} + \frac{\partial\,(N)}{\partial\,y}\frac{\partial\,(N)^{\mathrm{T}}}{\partial\,y} + \frac{\partial\,(N)}{\partial\,z}\frac{\partial\,(N)^{\mathrm{T}}}{\partial\,z}\right)\mathrm{d}v$$

$$(\boldsymbol{K}_{\mathrm{e}}^{c}) = \int_{S_3}\alpha(N)(N)^{\mathrm{T}}\mathrm{d}S$$

其中：$(\boldsymbol{C}_{\mathrm{e}})$ 代表单元比热矩阵，$(\boldsymbol{K}_{\mathrm{e}}^{c})$ 代表单元对流换热矩阵，$(\boldsymbol{K}_{\mathrm{e}}^{b})$ 代表单元热扩散矩阵，$(\boldsymbol{Q}_{\mathrm{e}})$ 代表热流矢量。

然后温度场整体矩阵方程可通过各离散化单元进行组合得到：

$$(\boldsymbol{C})(\dot{\boldsymbol{T}}) + (\boldsymbol{K})(\boldsymbol{T}) = (\boldsymbol{Q}) \tag{2.12}$$

按照有限差分的方式将温度场 $\boldsymbol{T}$ 离散化在加热与冷却过程时间域内，离散化后的表达式如下式：

$$\boldsymbol{T}(t+\Delta t) = \boldsymbol{T}(t) + (1-\theta)\Delta t\dot{\boldsymbol{T}}(t) + \theta\Delta t\dot{\boldsymbol{T}}(t+\Delta t) \tag{2.13}$$

其中：θ 为瞬态积分参数，$\theta\in[0,1]$；$\Delta t = T_{n+1} - T_n$。通过联立公式（2.12）和公式（2.13），可得温度场在瞬态情况下有限元数值的计算方程：

$$\left(\frac{1}{\Delta t}(\boldsymbol{C})\theta(\boldsymbol{K})\right)(\boldsymbol{T}(t+\Delta t))$$

$$= \left(\frac{1}{\Delta t}(\boldsymbol{C}) - (1-\theta)(\boldsymbol{K})\right)(\boldsymbol{T}(t)) + \theta(\boldsymbol{Q}(t+\Delta t)) + (1-\theta)(\boldsymbol{Q}(t))$$

$$\tag{2.14}$$

在求解温度场时还需考虑边界换热情况，为简化计算考虑总换热系数，则边界损失热能 Q_{S} 表达式如下式：

$$Q_{\mathrm{S}} = \alpha(T - T_0) \tag{2.15}$$

其中：$\alpha = \alpha_{\mathrm{c}} + \alpha_{\mathrm{E}}$，$\alpha_{\mathrm{c}}$，$\alpha_{\mathrm{E}}$ 分别代表对流换热系数和辐射换热系数，α 代表总对流换热系数，实际计算中换热系数与温度的关系用分段线性的形式表达。

鉴于材料特性参数有随温度变化的性质，所以温度场计算时本书假设船板材料特性参数是随温度分段线性变化的。设 t 时刻某单元上的节点温度为 $(T)^e$，则该单元内某节点的热物性参数如下式：

$$y = b_0 + b_1(N)(T)^e \tag{2.16}$$

2.2.2 变形场有限元计算理论

"线加热"工艺方法中船板变形场的有限元求解步骤如下[70,71]：

类似于温度场的有限元数值计算，将位移场增量 $\Delta u(x,y,z,t)$ 在整块船板上进行离散化：

$$\Delta u(x,y,z,t) = (N(x,y,z))^T(\Delta u_e(t)) \tag{2.17}$$

其中：$(N(x,y,z))^T$ 代表单元形函数，$(\Delta u_e(t))$ 代表单元节点位移增量矢量。Δu_e 按几何方程可得单元节点的总应变增量矢量 $(\Delta \varepsilon)$，总应变分量增量矢量又可分解如下式：

$$(\Delta \varepsilon) = (\Delta \varepsilon^e) + (\Delta \varepsilon^P) + (\Delta \varepsilon^T) \tag{2.18}$$

$$(\Delta \varepsilon^P) = \left(\frac{\partial F}{\partial \sigma}\right)d\lambda$$

$$(\Delta \varepsilon^T) = (\alpha)\Delta T$$

其中：F 表示代表屈服函数；$d\lambda$ 表示代表比例常数。

应力增量 $\Delta\sigma$ 如下式：

$$(\Delta\sigma) = (C_{ep})((\Delta\varepsilon) - (\Delta\varepsilon^P) - (\Delta\varepsilon^T)) \tag{2.19}$$

其中：$(C_{ep}) = (C_e) + (C_p)$，(C_e) 代表弹性矩阵；N 代表塑性矩阵。

最后可得整体增量平衡方程：

$$(K)\{\Delta u\} = \{\Delta R\} \tag{2.20}$$

$$(K) = \sum_1^m (K_e) = \sum_1^m \int_\Omega (B)^T(C_{ep})(B)dv$$

$$(\Delta R) = \sum_1^m (\Delta F) = \sum_1^m ((\Delta E_T) + (\Delta F_M))$$

其中：(K) 代表整体刚度矩阵，(ΔR) 代表载荷增量，ΔF_T 代表热载荷增量，ΔF_M 代表机械载荷增量。

船板线加热成形过程可以归结为三维的、瞬态的热弹塑性变形问题，参照温度场有限元计算求解方法，关于时间增量的瞬态有限元计算基本方程可通过将 Δu 在时间域上离散的方法获得，变形场的有限元解可按时间步长依次求解获得。

2.3　基于 ANSYS 的"线加热"工艺有限元模型

2.3.1　"线加热"工艺 ANSYS 有限元模型

1. 网格划分

整块船板按照热能输入的多少情况可划分为加热区域、非加热区域和两区域之间的过渡区域，加热区域表面温度上升较快，过渡区域温度则上升相对较慢，而非加热区域温度几乎保持不变；因此本书在有限元建模时采用不均匀网格划分方式，具体表现为精细划分加热区域网格，划分周围网格时较为粗一些。加热区域厚度方向上一般满足 3~5 段的网格划分即可。具体地，选用 8 节点六面体 SOLID70 热单元作为加热区域和非加热区域的单元类型，选用 20 节点六面体 SOLID90 热单元作为过渡区域单元类型。具体网格划分如图 2.3 所示。

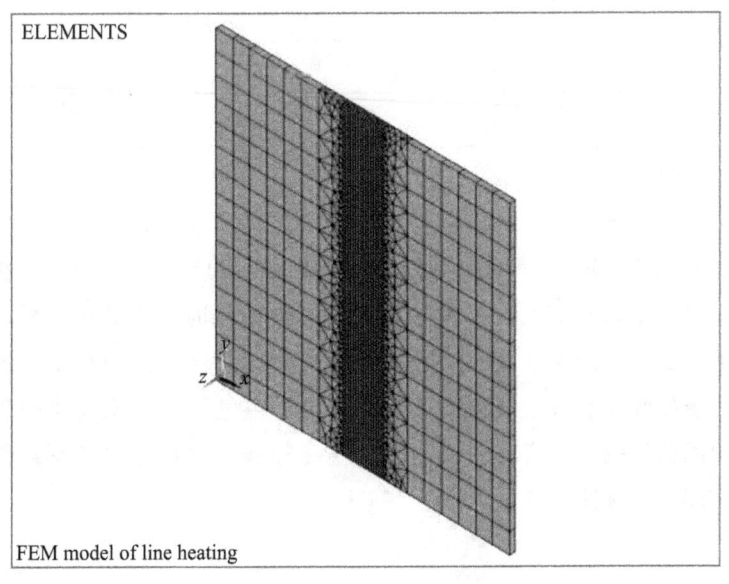

图 2.3　有限元网格划分

2. 材料热物理特性

温度场受船板材料特性影响很大，因此，确定表征船板的材料特性参数随温度变化的数值列表是非常必要的，列表包括弹性模量、泊松比、热膨胀系数、热传导系数和比热等材料特性参数。本书采用船用低碳钢为试验船板，其材料特性参数如表 2.1[72] 所示。上述参数在有限元分析时是作为离散输入的处理的，ANSYS 软件会自动通过线性插值来获取所有温度值下对应的材料属性值。

表 2.1　低碳钢的材料性能数据

温度 （℃）	弹性模量 （GPa）	泊松比	热膨胀系数 （10^{-6}/℃）	热传导系数 （W（mK）$^{-1}$）	比热 （J（kg K）$^{-1}$）
0	200	0.2786	10	51.9	450
100	200	0.3095	11	51.1	499.2
300	200	0.331	12	46.1	565.5
450	150	0.338	13	41.05	630.5
550	110	0.3575	14	37.5	705.5
600	88	0.3738	14	35.6	773.3
720	20	0.3738	14	30.64	1080.4
800	20	0.4238	14	26	931.2
1450	2	0.4738	15	29.45	437.93

3. 边界条件

主要包括以下三个边界条件：氧乙炔气体热源输入和空气及水冷却对流换热。在考虑热源输入边界条件时，将 q'' 离散化以后在以 r_0 为半径圆内的各个单元表面上施加热载荷。在考虑水冷却边界条件时，为简化分析，本书将焰心后 120mm（水火距）处的一个矩形区域设置为随着热源移动的加热水冷却区域，模拟喷在船板上表面的水流。而对于空气冷却对流换热的边界条件则是施加载荷于船板所有外表面上。空气冷却和正面水冷的热源载荷加载情况分别如图 2.4 和图 2.5 所示。

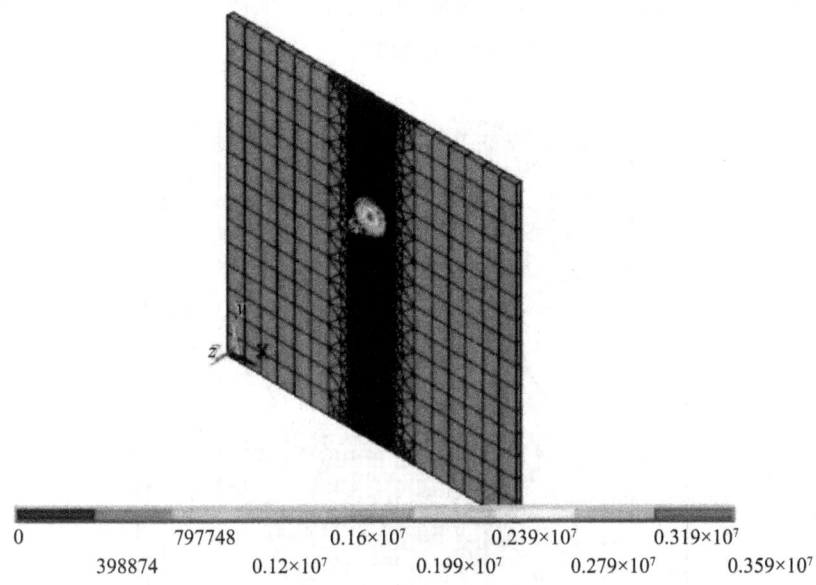

| 0 | | 797748 | | 0.16×10⁷ | | 0.239×10⁷ | | 0.319×10⁷ | |
| | 398874 | | 0.12×10⁷ | | 0.199×10⁷ | | 0.279×10⁷ | | 0.359×10⁷ |

图 2.4 空气冷却热加载示意图

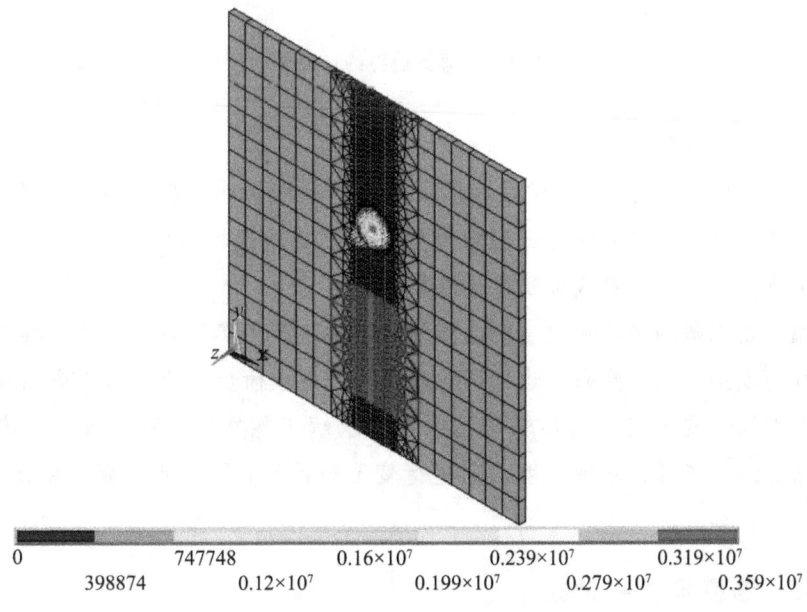

| 0 | | 747748 | | 0.16×10⁷ | | 0.239×10⁷ | | 0.319×10⁷ | |
| | 398874 | | 0.12×10⁷ | | 0.199×10⁷ | | 0.279×10⁷ | | 0.359×10⁷ |

图 2.5 正面水冷却热加载示意图

求解变形场时需定义船板边界的约束条件，如图 2.6 所示，假定 A、B 点属于简支约束，C、D 点的垂向位移为零。

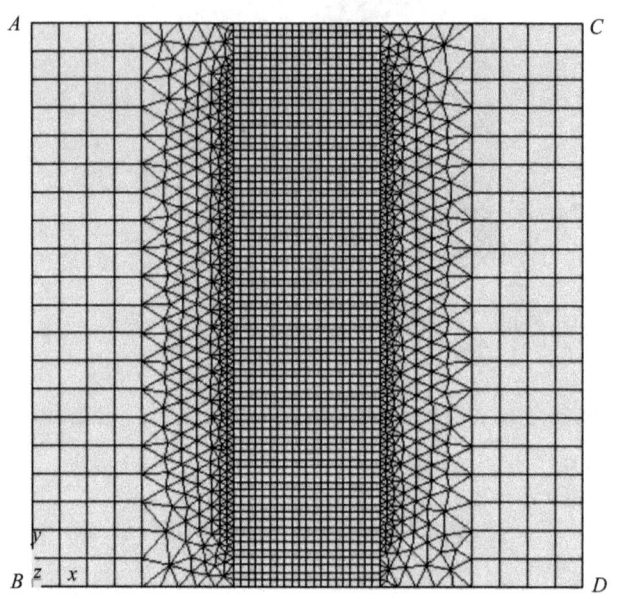

图 2.6　弯板边界约束条件

4. 模型求解

在数值模拟计算时 ANSYS 有限元软件分析线加热过程用热-结构顺序耦合的方式，即首先求解温度场数值结果，然后将温度场数值结果作为初始载荷施加到变形场来计算残余变形量结果。

温度场求解的步骤依次为：选择单元类型、定义实常数、定义材料属性、建立几何模型、划分网格、建立高斯热源、定义载荷步、施加高斯热源载荷、求解温度场。变形场求解步骤与温度场的求解步骤类似，建立有限元模型，定义边界约束条件，获取温度载荷进行变形场计算，最后得到残余变形量结果。

2.3.2　温度场结果讨论

根据以上所建立的线加热船板温度场有限元模型，ANSYS 有限元软件的计算模型给出了船板在"线加热"工艺加工过程中不同时刻的温度场分布，

图 2.7 分别为线加热中间、结束和冷却阶段。

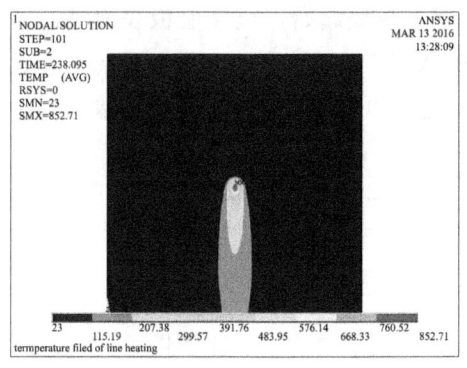
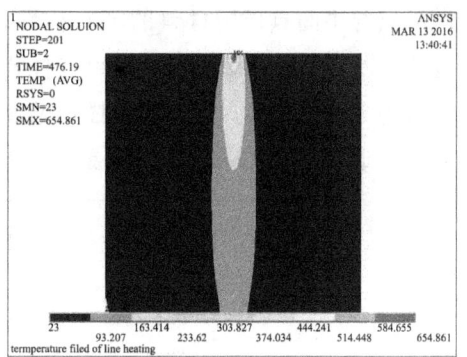

(a) $t=238s$　　　　　　　　　　　　　(b) $t=476s$

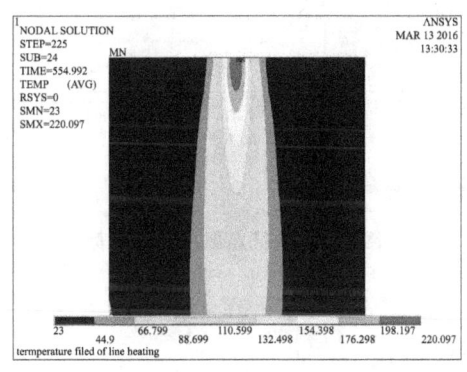

(c) $t=555s$

图 2.7　不同时刻的温度分布

　　从图 2.7 中可以很清楚地发现在整个加热过程中热源的移动情况和船板温度变化的范围及趋势。在"线加热"工艺方法加工过程的加热阶段，高温区域集中在加热线的两端附近，如图 2.7(a) 所示。加热过程结束后，热源输入的热量从加热线附近（高温区域）向周围材料（低温区域）扩散，如图 2.7(b) 所示。当经过一段时间冷却后，热源输入能量继续扩散，船板温度继续下降，如图 2.7(c)，最终整个船板的温度变为一致。

　　为了对"线加热"工艺过程中的温度场分布情况开展深入分析，本书研究了加热线上特征点的温度变化情况。现取加热线上三个特征点（加热开始点、加热线中点以及加热结束点）的温度变化，如图 2.8 所示。这两个区域所达到的最高温度是不尽相同的，究其原因是"线加热"工艺过程中加热线两端点与中间点周围材料的不对称性。在加热线起始点位置船板表面最高温度为 550℃左右，而在加热结束点位置则达到了 820℃左右，在加热线中心点位置为 850℃左右。这种沿扫描线温度分布的不均匀造成了第六章所要研究的线加热成形"不均匀变形"现象。

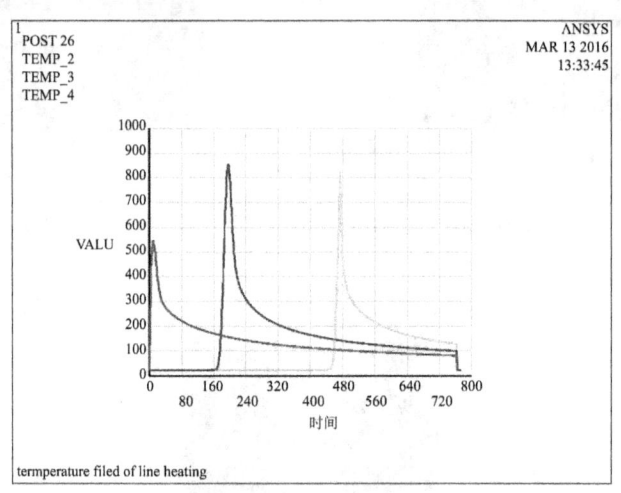

图 2.8　特征点温度变化趋势

2.3.3　变形场结果讨论

　　根据以上所建立的线加热船板变形场有限元模型，ANSYS 有限元软件给出了船板在"线加热"工艺加工过程中不同时刻的位移场分布结果。与图 2.7 所示的温度场相似，图 2.9 分别给出线加热开始、中间、结束以及冷却阶段的位移云图。图 2.10 所示为整体变形效果。

　　同样地，船板自由端三个特征点（图 2.11）的 z 向位移变化历史也有所不同，从图上可以看出，三个特征点沿板料自由端的 z 向位移不尽相同，造成了不同位置的所形成的弯曲角度也是不尽相同的，验证了存在"不均匀变形"现象，这给船体外板曲面成形的精度控制提出了挑战。此外，从图 2.10 和 2.11 不难发现，单加热线的船体外板变形效果较小。

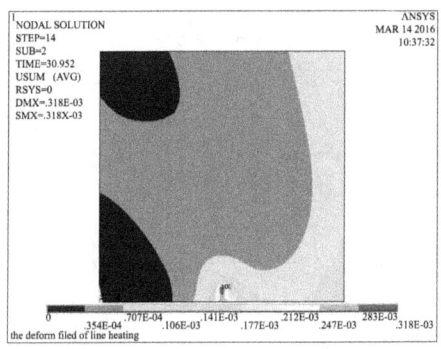
（a）$t=31s$

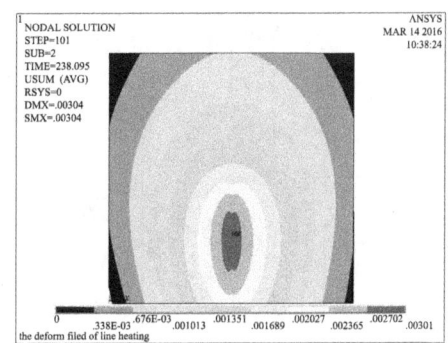
（b）$t=238s$

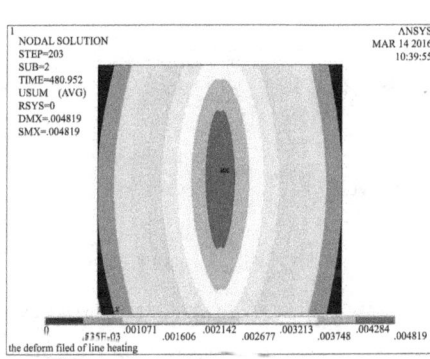
（c）$t=480s$

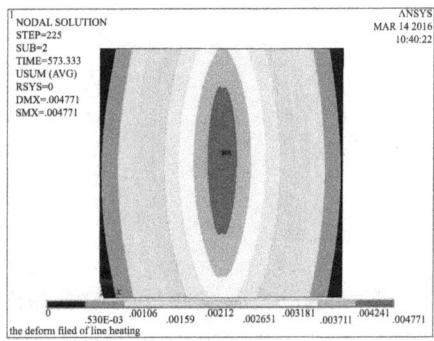
（d）$t=573.3s$

图 2.9　不同时刻的位移分布

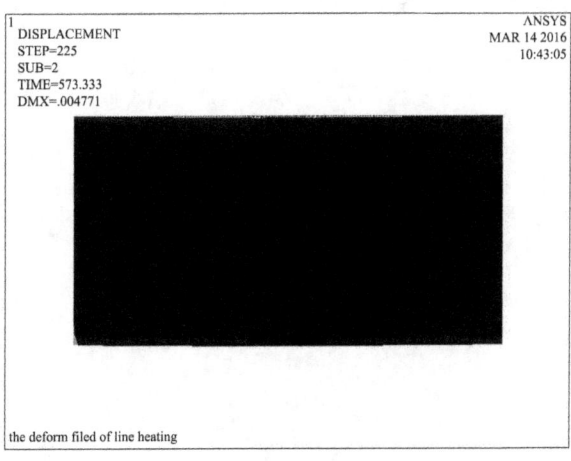

图 2.10　船板整体变形效果

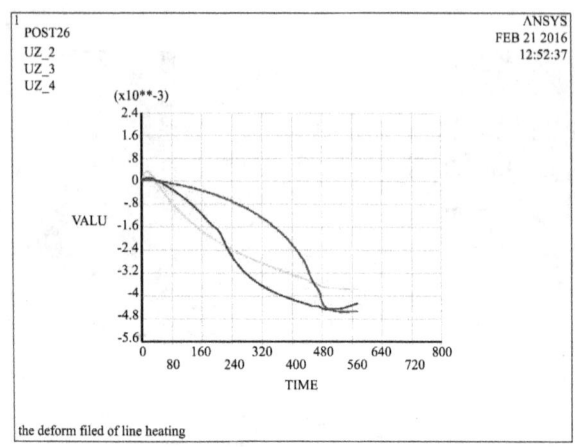

图 2.11　各特征点的位移变化趋势

2.4　本章小结

本章建立了船体外板在"线加热"工艺下的温度场和变形场的 ANSYS 有限元模型，通过分析具体算例中不同时间特征点温度场和位移场的变化情况，发现了"不均匀变形"和"单线加热"变形量偏小的两种现象，两种现象影响均能影响船板的最终变形效果。

第三章　船体外板变形预测研究

本书第二章借助有限元法数值模拟"线加热"工艺过程，其大量数值模拟数据可以作为表征"线加热"工艺加工参数与船板残余变形量之间关系的样本数据。然而，给定船板几何参数、工艺加工参数和残余变形量组合数量巨大，要对所有组合的船板成形过程进行数值模拟计算，计算量是巨大的，且效率低。

本章基于大量船板"线加热"工艺的数值模拟数据，利用神经网络的高度非线性映射能力建立神经网络曲面变形预测模型，其中将表征热源面输入效果的两个复合变量作为神经网络模型中的输入参数，输出变量则选取船板残余变形。该预测模型对船用船板"线加热"工艺的制定和优化具有重要的意义，为建立工艺参数与船体外板变形基本关系综合数据库奠定了基础。

3.1　"线加热"工艺影响参数分析

3.1.1　加热区域划分及测量点分布

如图 3.1 所示在坐标系中设定试验船板尺寸（即长×宽×高）为 $L \times W \times h$，1-2-3-4 四点所环绕的区域定义为加热区域为 A_1，其他区域定义为 A_2。将测量点对称放置于距离加热线两边 50mm 处，用于测量船板残余变形量。

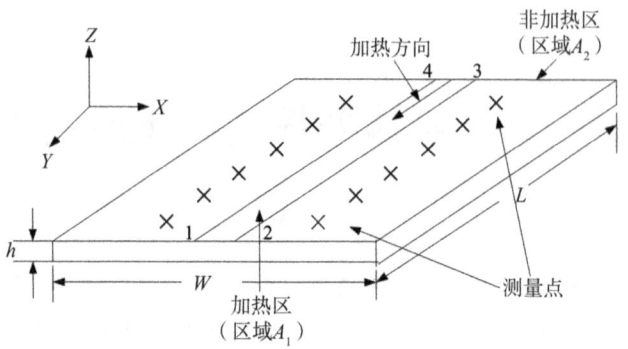

图 3.1　船板区域划分及测量点分布

3.1.2　船板变形描述

"线加热"工艺加工过程中，船板加热区域受热膨胀，同时受到周围过渡区域材料的约束，又因气体热源温度分布不同，导致产生垂直于热源移动方向的横向收缩，称之为线变形。当船板上下表面产生的线变形不同时，船板就因此会发生弯曲变形，称之为角变形。通常采用局部线变形和角变形[73]的方法描述船板线加热变形效果，线变形和角变形的描述示意图[74]如图 3.2 所示。

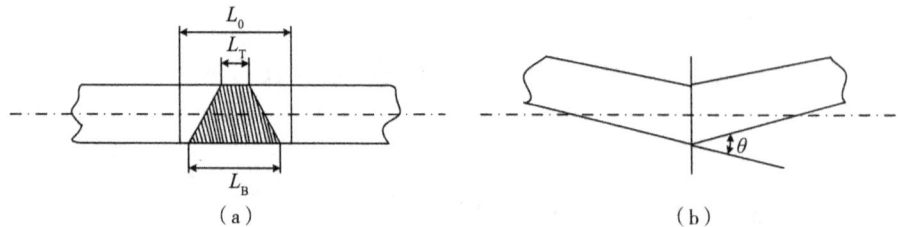

图 3.2　线变形与角变形的定义

其计算方法如下：

$$\Delta_T = L_0 - L_T, \Delta_B = L_0 - L_B \tag{3.1}$$

$$\Delta L = \frac{\Delta_T + \Delta_B}{2} \tag{3.2}$$

$$\tan(\theta) = \frac{L_B - L_T}{h} \tag{3.3}$$

其中：Δ_T、Δ_B 分别代表船板变形后上、下表面对应测量点的横向收缩量；ΔL 代表整体线变形量；θ 代表角变形量。

3.1.3　影响船板表面温度和变形的因素

在进行线加热过程有限元分析时，通常采用温度场-变形场顺序耦合的分析模式：移动的氧乙炔气体热源（位于 A_1 区域内）被分为多步载荷施加到船板上，热力学的数值模拟数据则作为初始载荷施加到结构数值模拟中。温度场和变形场的因果关系如图3.3所示。

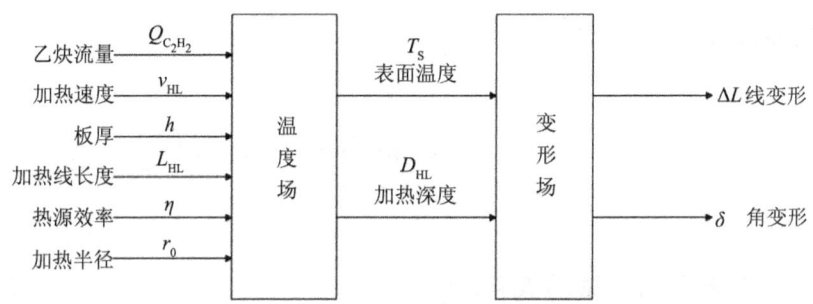

图3.3　温度场和变形场的关系图

从图3.3可以看出，在一定厚度 h 下，乙炔流量 $q_{C_2H_2}$、加热速度 v_{HL}、热源效率 η、加热半径 r_0 和加热线长度 L_{HL} 等热输入参数是温度场数值模拟计算的输入条件，作为表征温度场的重要参数表面温度 T_S 和加热深度 D_{HL} 则可以看作是温度场的输出结果和变形场的输入条件，而残余变形量（线变形 ΔL 和角变形 δ）则是变形场最终数值计算结果。

3.2　新复合变量 q_S 和 $q_{S,t}$ 的提出

由于氧乙炔气体热源是从船板表面施加热载荷，然后通过热传导产生厚度（纵深）方向的温度场梯度，即上下表面温度均存在温差，导致船板产生残余变形。因此，对于船板变形热源的热能面输入是个非常重要的影响因素。

针对多个热源的热能面输入影响因素，本书提出了两个新复合变量 q_S 和 $q_{S,t}$，旨在表征热源面输入效果和体现多个影响因素的综合效果。其中：q_S 定义为在单位面积的热源总能量的有效输入，体现了热源面输入的宏观效果；而 $q_{S,t}$ 定义为单位时间和面积的热源总能量的有效输入，体现了热源面输入的瞬时效果。其数学定义如下：

$$q_{S} = \frac{\text{有效热能(J)}}{\text{加热面积(mm}^2)} = \frac{\eta \cdot Q_{C_2H_2} \cdot \dfrac{L_{HL}}{v_{HL}} \cdot q_{\text{热值}}}{L_{HL} \cdot 2r_0} = \frac{\eta \cdot Q_{C_2H_2} \cdot q_{\text{热值}}}{v_{HL} \cdot 2r_0} \quad (3.4)$$

$$q_{S \cdot t} = \frac{\text{有效热能(J)}}{\text{加热面积(mm}^2) \cdot \text{时间(s)}} = \frac{\eta \cdot Q_{C_2H_2} \cdot q_{\text{热值}}}{L_{HL} \cdot 2r_0} \quad (3.5)$$

船板残余变形量均与 $Q_{C_2H_2}$、v_{HL}、η、r_0 和 L_{HL} 有密切关系，而 q_S 和 $q_{S \cdot t}$ 可以很好地表征众多热输入参数所产生的综合效果，使得船板在不同成形条件下的热输入有了可比性。

3.3 ANSYS 数值模拟仿真试验

3.3.1 有限元仿真试验条件

①船板尺寸：$L(1000) \times W(1000) \times h(14,18,20)\text{mm}$，材料属性见表 2.1；

② $Q_{C_2H_2} = (800 \sim 2500)\text{L/h}, v_{HL} = (2 \sim 10)\text{mm/s}, L_{HL} = 1000\text{mm}$。

3.3.2 仿真数据结果结论

1. 单一厚度船板 ANSYS 仿真数据结果分析

选取如下参数：$Q_{C_2H_2} = 1585\text{L/h}, v_{HL} = 4.2\text{mm/s}, L_{HL} = 1000\text{mm}, h = 14\text{mm}$，上表面最高温度为 750℃（受限于薄板加工工艺要求，误差允许范围为±5℃）。

根据大量 ANSYS 计算模拟得出的数值结果，本书分别绘制了（q_S，$q_{S \cdot t}$）与 T_S 的关系图（图 3.4），（q_S，$q_{S \cdot t}$）与 D_{HL} 的关系图（图 3.5），q_S 与 ΔL 的关系图（图 3.6），q_S 与 δ 的关系图（图 3.7）。并对其中的规律作了相关说明。

如图 3.4 所示，当 q_S 增大，$q_{S \cdot t}$ 逐渐变小，图谱总体是呈现下降趋势的。当 q_S 一定时，不同的 $q_{S \cdot t}$ 对应着不同的 T_S，由于材质相同的，其加热过程中热传导也是相同的，$q_{S \cdot t}$ 越大说明单位时间内表面热量输入速度越快，在表面上的热量积累也就越大，故 T_S 越大。同理，对应相同的 $q_{S \cdot t}$，当 q_S 越大说明单位面积上热量输入的越多，在表面的热量积累越多，故 T_S 越大。

如图 3.5 所示，当 q_S 一定时，$q_{S \cdot t}$ 越大，T_S 越高，定义 D_{HL} 为温度在临界温度 450℃ 以上的船板深度，由于在简化理论模型上温度在厚度梯度方向上的变化呈线性衰减，故而可以认为不同 T_S 的船板在厚度方向上的温度递减是一样的,所以 T_S 越高,其 D_{HL} 也就越大。同样,对于相同的 $q_{S·t}$,q_S 越大,T_S 越高,其 D_{HL} 也就越大。

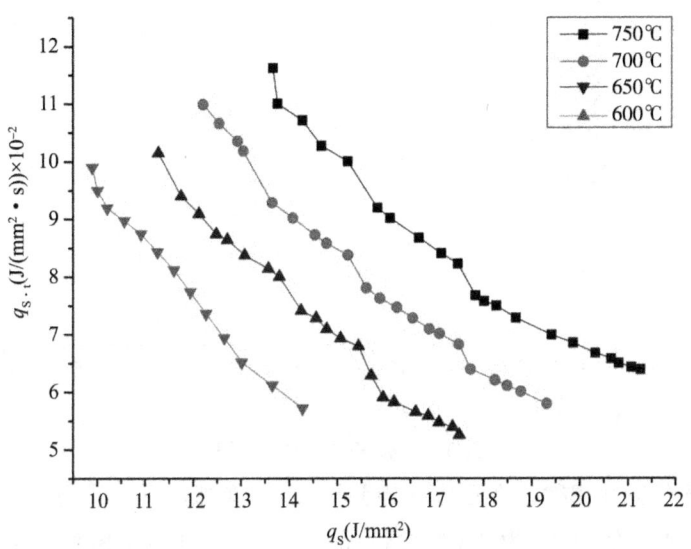

图 3.4 q_S 和 $q_{S·t}$ 与 T_S 的关系图

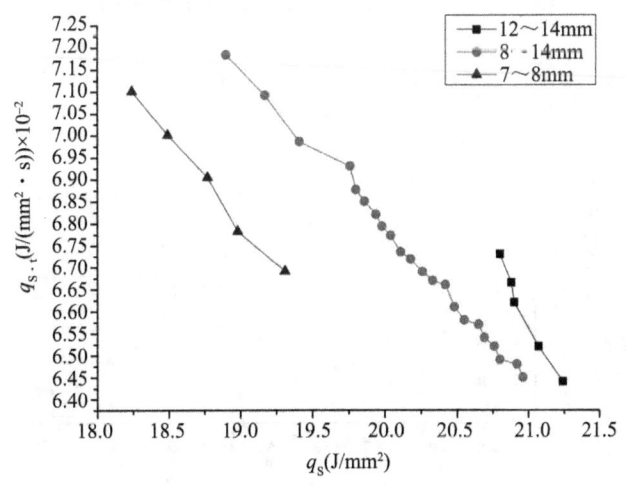

图 3.5 q_S 和 $q_{S·t}$ 与 D_{HL} 的关系图

如图 3.6 所示,当 T_S 越高,一定的 q_S 对应的 $q_{S·t}$ 也就越大,热源的输入遵循高斯分布,温度的分布也遵循高斯分布,此时上表面的有效加热区域也就越大,针对同样的约束条件,其 ΔL 就越大。针对同样 ΔL,q_S 越小,由 q_S

与 $q_{S \cdot t}$ 和 T_S 的关系曲线可以看出，对应的 $q_{S \cdot t}$ 越大，其 T_S 也就越高。

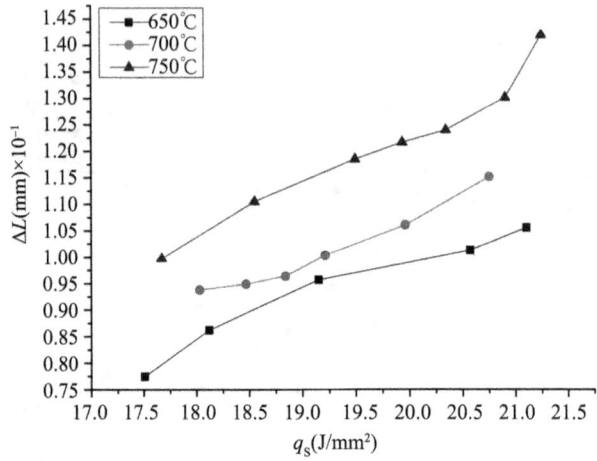

图 3.6 q_S 和 ΔL 的关系图

对于 δ 的变化规律，在总体趋势上和 ΔL 相类似，其曲线规律变化原因也和 ΔL 相类似。然而 T_S 为 750℃ 的情况下，出现了曲线下降的趋势，这是由于那组的加热模拟属于加热时烧透的情况，由于上下表面都产生了一定程度的收缩，所以在板厚方向上的角变形就比恰好烧透的临界点的角变形要小。

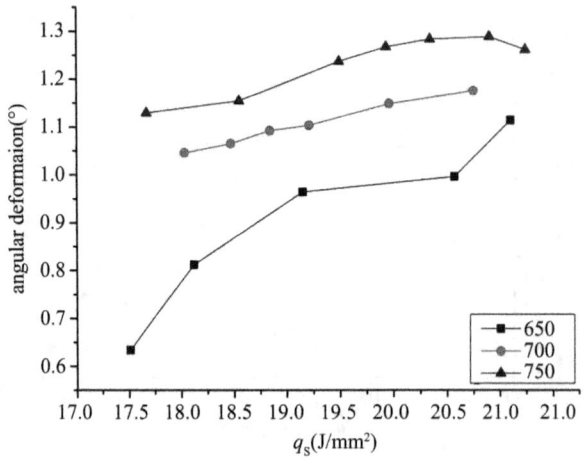

图 3.7 q_S 和 δ 的关系图

板厚 h 不同，加热时在厚度方向产生的温度梯度也不尽相同，因此表现出的 δ 关系随厚度而变化。对于 14mm 厚的薄板，如果加热速度选取合适，使船板恰好烧透，这时 δ 会达到一个最大值；而如果加热速度进一步降低，厚度方向上的温度梯度进而减小，所形成的 δ 也进一步降低。而对于较厚的船板，由于"线加热"工艺表面最高温度的限制（表面最高温度在 $750\sim$ $850℃$），不会出现烧透的现象，因而没有一个最佳的成形速度，只有在工艺要求的加热速度范围内选取合适的加热速度，形成较大的 δ。

对于采用常用喷嘴口径的燃气火焰而言，当 q_S 从较小值开始逐步增加，这会增加船板正反面的温度梯度，角变形将变大。当 q_S 到达一定数值时，船板在厚度方向上趋于被烧透，则船板正反面的温度梯度变小，从而角变形变小，因此厚板相比于薄板则需要更大的 q_S，才能使板材正反面的温差减小，故其临界点出现较迟，而这个更大的 q_S，由于变形工艺最高加热温度的限制，使该较大的 q_S 难以在常用的加工参数范围内达到。

2. 船板在多种厚度下的 ANSYS 数值仿真数据规律

从大量 ANSYS 仿真数据来看，如表 3.1 所示，在满足一定的误差范围，可以发现以下规律：不同的 $Q_{C_2H_2}$ 和 v_{HL} 的组合，其对应的 q_S 和 $q_{S\cdot t}$ 取值在一定范围内相近（差值不超过 10%），其 ΔL 和 δ 也基本相近（差值不超过 10%）。

表 3.1 仿真数据

h (mm)	$Q_{C_2H_2}$ (L/h)	v_{HL} (mm/s)	q_S (J/mm²)	$q_{S\cdot t}$ (J/(mm²·s))	ΔL (mm)	δ (°)
14	1354	2.8	25.2	0.0705	0.601	2.46
14	1362	2.83	25.1	0.0709	0.587	2.41
14	1370	2.87	24.9	0.0713	0.582	2.38
14	1392	2.96	24.5	0.0725	0.566	2.32
14	1460	3.06	24.2	0.0741	0.574	2.35
18	1074	2.02	31.4	0.0635	0.438	1.40
18	1080	2.05	31.2	0.0639	0.430	1.37
18	1088	2.08	30.9	0.0643	0.423	1.35
18	1214	2.12	30.9	0.0654	0.442	1.41
18	1220	2.14	30.8	0.0658	0.439	1.40
20	1073	1.92	33.1	0.0635	0.375	1.08
20	1082	1.96	32.7	0.0640	0.366	1.05
20	1166	2	32.5	0.0651	0.382	1.09
20	1218	2.03	32.4	0.0657	0.368	1.05
20	1222	2.05	32.2	0.0659	0.367	1.05

3.4　船板表面变形预测

3.4.1　建立神经网络预测模型思路

本书首先对"线加热"工艺加工过程进行 ANSYS 软件数值模拟仿真，获取学习样本和测试样本数据；然后建立工艺加工参数与残余变形之间的神经网络（ANN）模型，并依据数值分析结果对神经网络进行训练；最后应用该 ANN 模型对船板残余变形量进行预测，并据此提出了一种高效、准确的船板变形预测方法。

在 ANN 建模过程中，考虑到 3.3.2 节的规律，本书选用复合变量 q_S 和 $q_{\mathrm{S}\cdot\mathrm{t}}$ 替代众多影响因素作为神经网络的输入变量是合适的，而神经网络的输出变量则选取残余变形量 ΔL 和 δ，如图 3.8 所示；再利用多输入多输出支持向量机神经网络（MIMO-SVM）非线性拟合工艺参数与船板残余变形之间的关系，较好地体现了众多影响因子对残余变形起到的综合作用，所建立的关系模型简洁而实用。

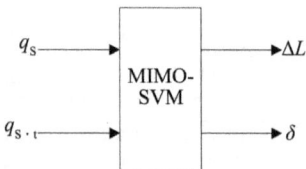

图 3.8　MIMO-SVM 输入输出变量定义

3.4.2　MIMO-SVM 基本原理[75]

给定样本为 $D=\{(x_i,y_i)\mid,i=1,2,\cdots\}$，其中，$x\in\mathbf{R}^M,y\in\mathbf{R}^N$，对于第 j 输出，假定它相应的函数模型为 $G_j:f_j(x_i,w_j,b_j)=w_j\cdot\varphi(x_i)+b_j$ 。其中 $b_j\in\mathbf{R}$。这可以归结为一个函数估计问题（M 维输入和 N 维输出）。可将函数表达为 $\boldsymbol{F}(x)=\boldsymbol{\varphi}(x_i)^\mathrm{T}\boldsymbol{W}+\boldsymbol{B}$，其中，$\varphi(*)$ 是高维空间的非线性映射，$\boldsymbol{W}=[w^1,w^2,\cdots,w^N]$，$\boldsymbol{B}=[b^1,b^2,\cdots,b^N]$。因此，本书在多维回归问题处理时对每一个输出求出回归量 w^j 和 $b^j(j=1,2,\cdots,N)$。借鉴多输入单输出支持向量机（MISO-SVM）回归方法构造目标函数：

$$L_P(\boldsymbol{W},\boldsymbol{B}) = \frac{1}{2}\sum_{j=1}^{N}\|w^j\|^2 + C\sum_{i=1}^{L}L(\boldsymbol{u}_i) \tag{3.6}$$

其中：$L(\boldsymbol{u})$ 是在超球上定义的损失函数，$\boldsymbol{u}_i = \|\boldsymbol{e}_i\| = \sqrt{\boldsymbol{e}_i\boldsymbol{e}_i^{\mathrm{T}}}$，$\boldsymbol{e}_i = \boldsymbol{y}_i - \boldsymbol{\varphi}(x_i)^{\mathrm{T}}\boldsymbol{W} - \boldsymbol{B}$。当 $\varepsilon=0$ 时，最小二乘回归每一分量；当 $\varepsilon\neq0$ 时，在考虑到其他所有分量的误差的前提下，每一分量在生成各自的回归函数时，此时解将会是一个整体拟合最优解。

根据目标函数公式（3.6）及约束条件，可得以下拉格朗日函数：

$$L(\boldsymbol{W},\boldsymbol{B}) = \frac{1}{2}\sum_{j=1}^{N}\|w^j\|^2 + C\sum_{i=1}^{L}L(\boldsymbol{u}_i)$$
$$- \sum_{i=1}^{L}\alpha_i(\boldsymbol{u}_i^2 - \|\boldsymbol{y}_i - \boldsymbol{\varphi}(x_i)^{\mathrm{T}}\boldsymbol{W} - \boldsymbol{B}\|^2) \tag{3.7}$$

在函数的极值点，对于变量 $w^j, b^j, \boldsymbol{u}_i, \boldsymbol{\alpha}_i$，其偏导数等于 0。

$$\frac{\partial L}{\partial w^j} = w^j - \sum_{i=1}^{L}\boldsymbol{\varphi}(x_i)\boldsymbol{\alpha}_i(y_i^j - w^j\cdot\boldsymbol{\varphi}(x_i) - b^j) = 0$$

$$\frac{\partial L}{\partial b^j} = \sum_{i=1}^{L}\boldsymbol{\alpha}_i(y_i^j - w^j\cdot\boldsymbol{\varphi}(x_i) - b^j) = 0$$

$$\frac{\partial L}{\partial \boldsymbol{u}_i} = 2C(\boldsymbol{u}_i - \boldsymbol{\varepsilon}) - 2\boldsymbol{\alpha}_i\boldsymbol{u}_i = 0 \tag{3.8}$$

$$\frac{\partial L}{\partial \boldsymbol{\alpha}_i} = \boldsymbol{u}_i^2 - \|\boldsymbol{y}_i - \boldsymbol{\varphi}(x_i)^{\mathrm{T}}\boldsymbol{W} - \boldsymbol{B}\|^2 = 0$$

可得到：

$$w^j - \boldsymbol{\Phi}^{\mathrm{T}}\boldsymbol{D}_a[\boldsymbol{y}^j - \boldsymbol{\Phi}w^j - b^j] = 0 \tag{3.9}$$

$$\boldsymbol{\alpha}^{\mathrm{T}}[\boldsymbol{y}^j - \boldsymbol{\Phi}w^j - b^j] = 0 \tag{3.10}$$

$$\boldsymbol{\alpha}^T = \begin{cases} 0, & \boldsymbol{u}_i < \boldsymbol{\varepsilon} \\ \dfrac{C(\boldsymbol{u}_i - \boldsymbol{\varepsilon})}{\boldsymbol{u}_i}, & \boldsymbol{u}_i > \boldsymbol{\varepsilon} \end{cases} \tag{3.11}$$

其中：$\boldsymbol{\Phi} = [\varphi(x_1),\varphi(x_2),\cdots,\varphi(x_L)]^{\mathrm{T}}$，$\boldsymbol{\alpha} = [\alpha_1,\alpha_2,\cdots,\alpha_L]^{\mathrm{T}}$，$\boldsymbol{y}^j = [y_{j1},y_{j2},\cdots,y_{jL}]^{\mathrm{T}}$，$\boldsymbol{D}_\alpha$ 为 α 对角阵。由式（3.11）可知，$\boldsymbol{\alpha}$ 与 $\boldsymbol{u}$ 是相关的，可以采用迭代过程来求解。具体步骤如下：

步骤 1：初始化。设 $k=0$，$\boldsymbol{W}^k=0$，$\boldsymbol{B}^k=0$。计算 $\boldsymbol{u}_i^k$ 和 α_i 的值。

步骤 2：求解式（3.7），设解为 $\boldsymbol{W}^s$ 和 $\boldsymbol{B}^s$，$\boldsymbol{P}^k = \begin{bmatrix} \boldsymbol{W}^s - \boldsymbol{W}^k \\ \boldsymbol{B}^s - \boldsymbol{B}^k \end{bmatrix}$。

步骤 3：获得下一步解。$\begin{bmatrix} W^{k+1} \\ B^{k+1} \end{bmatrix} = \begin{bmatrix} W^k \\ B^k \end{bmatrix} + \eta^k p^k$，其中 η^k 表示步长。设 $\eta^k = 1$，得到 W^{k+1}，B^{k+1} 能否使得 L_p $(W^{k+1}$，$B^{k+1}) < L_p$ $(W^k$，$B^k)$，若否，可将 η^k 乘以一个小于 1 的正数，再计算 W^{k+1} 和 B^{k+1}，直至 W^{k+1} 和 B^{k+1} 满足 L_p $(W^{k+1}$，$B^{k+1}) < L_p$ $(W^k$，$B^k)$，这时 W^{k+1} 和 B^{k+1} 是本步骤所求的 W^{k+1} 和 B^{k+1}。

步骤 4：根据步骤 3 所得的 W^{k+1} 和 B^{k+1} 计算 u_i^{k+1} 和 α_i 结果，并令 $k = k + 1$，返回到步骤 2，直到整个过程收敛和找到目标函数的最小值后，算法就此停止。

3.4.3 仿真实验验证

①船板尺寸：$L(1000) \times W(1000) \times h(14,18,20)\text{mm}$，材料属性见表 2.1；

②MIMO-SVM 预测模型输入参数：复合变量 $(q_S$，$q_{S \cdot t})$，输出参数：残余变形量 $(\Delta L$ 和 $\delta)$。

③从 50 组训练样本中随机抽取 5 组为测试样本，其余的为训练样本。

这里列出船板尺寸为 $L(1000) \times W(1000) \times h(14)\text{mm}$ 的部分数据列表，如表 3.2 所示，包括 $(Q_{C_2H_2}$，$v_{HL})$ 匹配值、对应的复合变量 $(q_S$，$q_{S \cdot t})$ 数据和残余变形 $(\Delta L$ 和 $\delta)$ 数据。

表 3.2　各参数的对应关系表

$Q_{C_2H_2}$ (L/h)	v_{HL} (mm/s)	q_S (J/ mm²)	$q_{S \cdot t}$ (J/ (mm² · s))	ΔL (mm)	δ (°)
1705	3.8	22.0	0.0835	0.447	1.83
1804	4.2	21.0	0.0884	0.409	1.67
1460	3.06	24.2	0.0742	0.574	2.35
1380	2.9	24.8	0.0719	0.577	2.36
1392	2.96	24.5	0.0725	0.566	2.32
1154	2.36	27.3	0.0644	0.746	3.06
1812	4.24	20.9	0.0888	0.404	1.65

$Q_{C_2H_2}$ (L/h)	v_{HL} (mm/s)	q_S (J/mm²)	$q_{S \cdot t}$ (J/(mm² · s))	ΔL (mm)	δ (°)
1614	3.64	22.5	0.082	0.468	1.92
1722	3.86	21.9	0.0844	0.437	1.79
1145	2.33	27.4	0.0639	0.741	3.04
1775	4.1	21.2	0.087	0.408	1.67
1626	3.7	22.3	0.0826	0.464	1.9
1748	3.97	21.6	0.0856	0.429	1.76
1134	2.28	27.8	0.0633	0.761	3.12
1370	2.87	24.9	0.0713	0.582	2.38
1530	3.34	23.3	0.0777	0.508	2.08
1362	2.83	25.1	0.0709	0.587	2.41
1732	3.9	21.8	0.0849	0.438	1.8
1516	3.3	23.3	0.077	0.522	2.14
1553	3.4	23.2	0.0789	0.505	2.07
1716	3.83	22.0	0.0841	0.447	1.83
1810	4.23	20.9	0.0887	0.395	1.62
1490	3.2	23.7	0.0757	0.538	2.21
1126	2.24	28.0	0.0628	0.784	3.21
1736	3.92	21.7	0.0851	0.44	1.8
1375	2.89	24.8	0.0716	0.583	2.39
1828	4.3	20.8	0.0896	0.401	1.64
1405	3	24.4	0.0732	0.558	2.28

①训练样本预测仿真结果如图 3.9～图 3.11 所示。

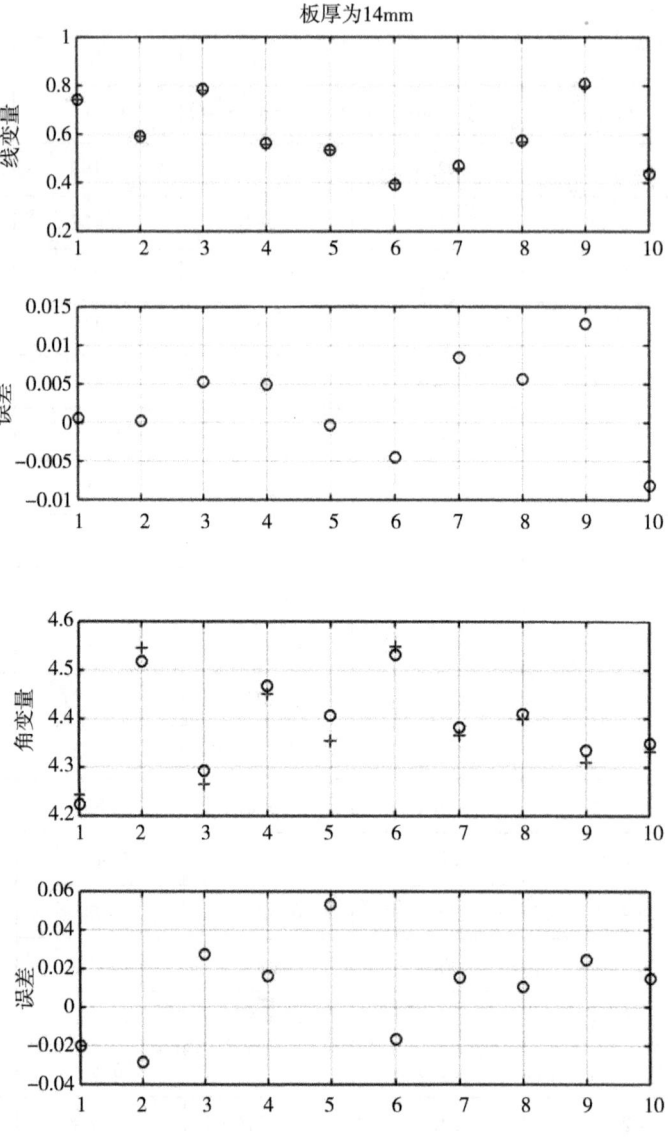

图 3.9　14mm 板厚下残余变形

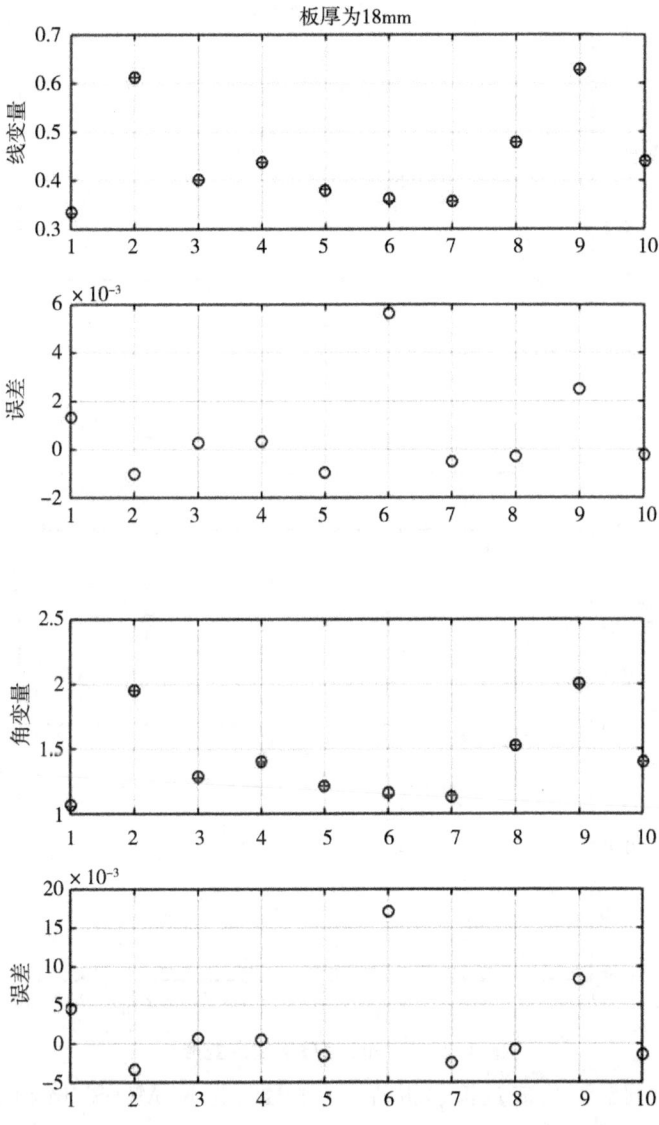

图 3.10　18mm 板厚下残余变形

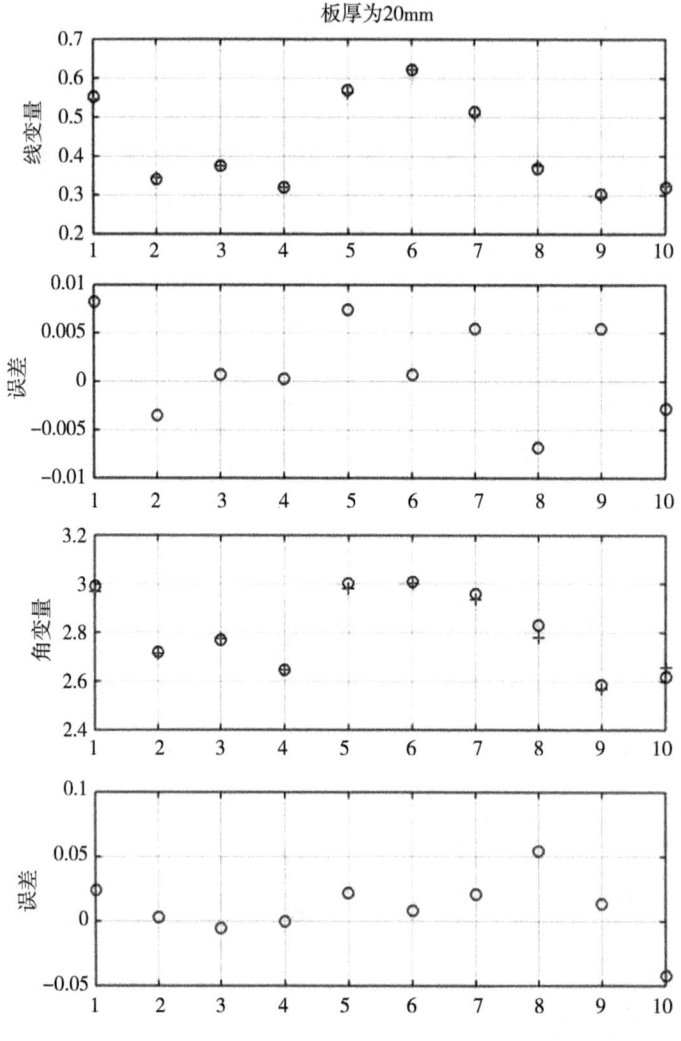

图 3.11　20mm 板厚下残余变形

　　图中，"圆圈"代表数值模拟值，"加号"为 MIMO-SVM 模型预测值。不同厚度 h 下对应的残余变形（ΔL 和 δ）学习样本预测的相对误差如表 3.3 所示，证明 MIMO-SVM 具有很强的学习能力，预测模型的学习效果较好。

表 3.3　MIMO-SVM 训练样本误差

h	ΔL 误差	δ 误差
14	0.86%	0.8%
18	0.22%	0.24%
20	1.5%	1.3%

②测试样本预测仿真结果如图 3.12～3.14 所示。

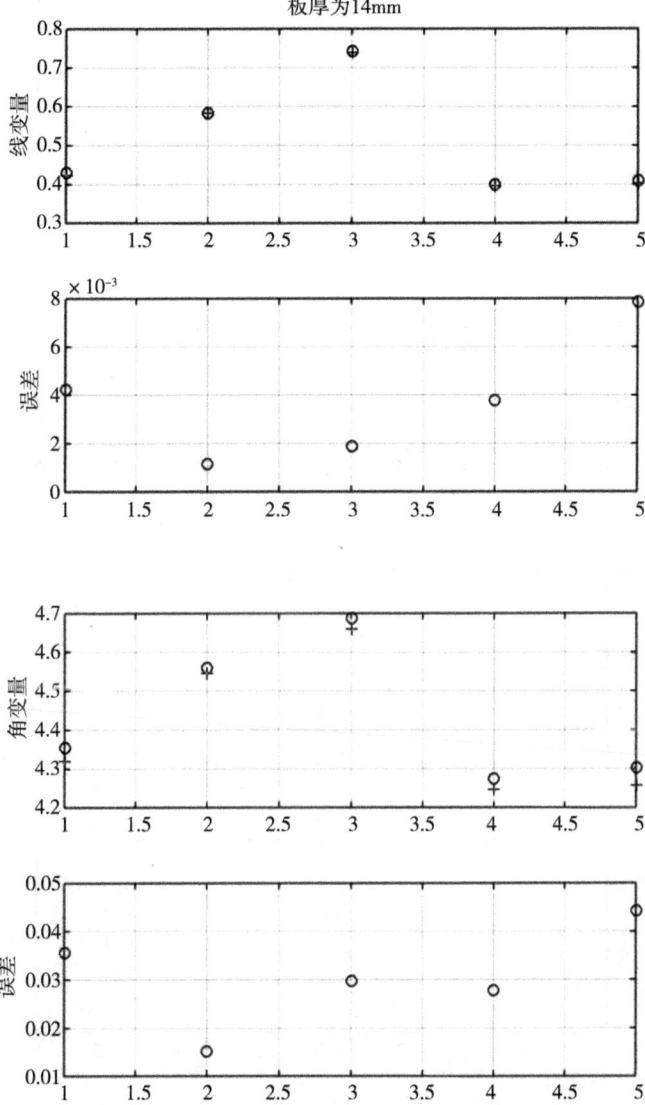

图 3.12 14mm 板厚下残余变形

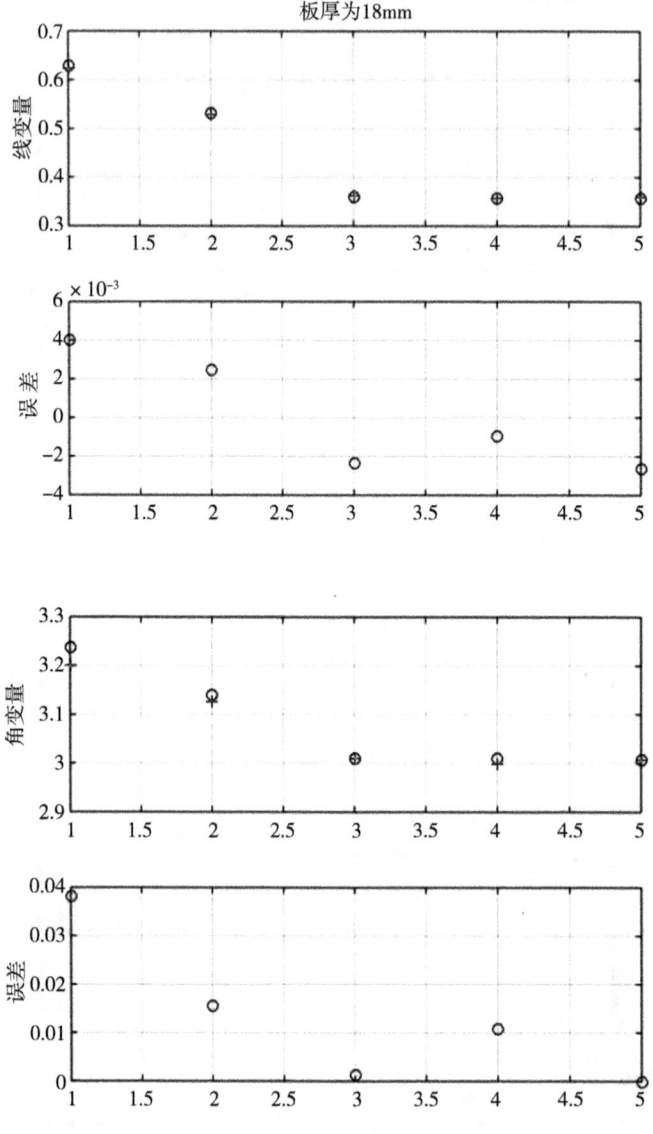

图 3.13　18mm 板厚下残余变形

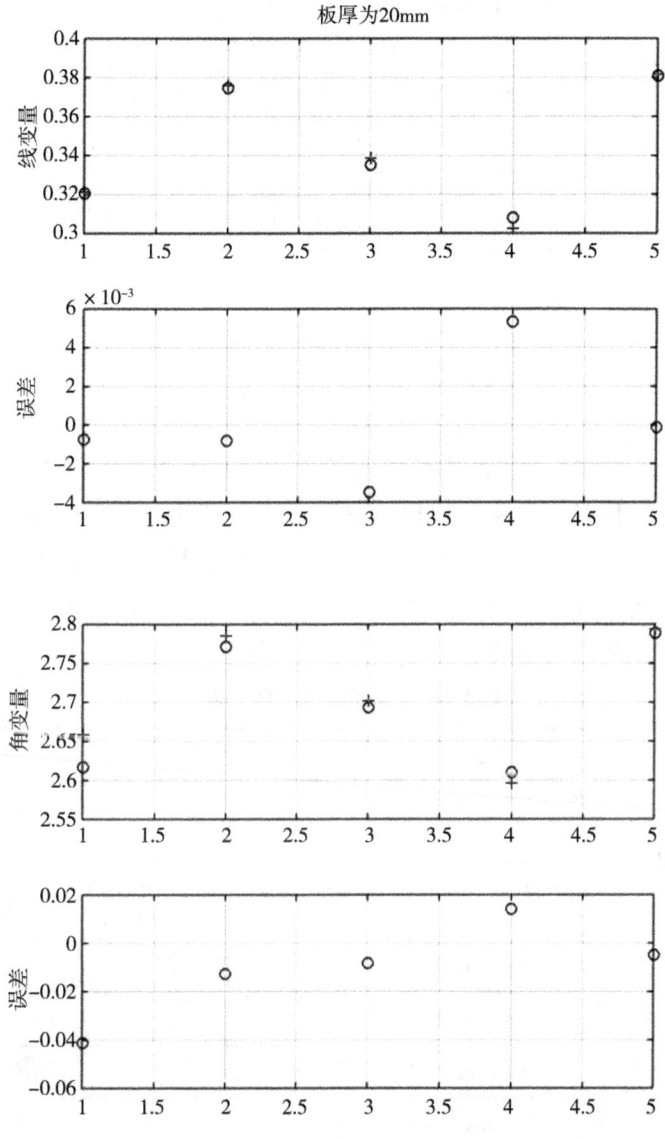

图 3.14 20mm 板厚下残余变形

不同厚度 h 对应的残余变形（ΔL 和 δ）样本测试预测误差如表 3.4 所示，不难发现，MIMO-SVM 具有非常强的泛化能力，其预测模型的误差都满足实际工程化要求，能运用于实际生产中。

表 3.4　MIMO-SVM 样本测试预测误差

h	ΔL 误差	δ 误差
14	1.02%	0.69%
18	0.51%	0.26%
20	0.61%	5.39%

3.5　综合数据库构建

本书运用 ANSYS 有限元数值仿真产生了一批表征"线加热"工艺加工参数与残余变形量对应关系的数据，在此基础上应用 MIMO-SVM 神经网络的有效预测也产生了上述对应关系的数据。两种实时性不同的方式所产生的数据将互为补充，共同成为综合数据库的数据来源，为下一章智能决策支持系统提供了坚实的数据基础，其具体数据字典如表 3.5。

表 3.5　综合数据库数据字典

属性名	数据类型	长度	允许空	描述
ID	int	4		ID 号
Material	varchar (10)	10		材质
Thickness	varchar (10)	10		厚度
Length	varchar (10)	10	√	长度
Width	varchar (10)	10	√	宽度
Flow	varchar (30)	30		乙炔流量
Speed	varchar (30)	30		速度
ComVar1	varchar (30)	30		复合变量一
ComVar2	varchar (30)	30		复合变量二
LengthHL	varchar (10)	10		加热线长度
LineD	varchar (30)	30		线变形
AngleD	varchar (30)	30		角变形

3.6　本章小结

    本章首先在分析"线加热"工艺中影响船板温度场和变形场众多因素的基础上，提出两个表征该众多影响因素综合效果的复合变量（q_s，$q_{s·t}$），并以此复合变量作为 MIMO-SVM 的输入变量，残余变形量（ΔL，δ）作为输出变量，建立了一个简单实用的 ANN 船板变形预测模型，大量数值仿真结果证明了基于 MIMO-SVM 的预测模型的有效性。

第四章　船体外板线加热成形实验研究

　　本章通过自主研发的船体外板曲面线加热成形实际加工系统开展若干实验，首先制订"线加热"工艺船板成形温度场和变形场的测试方案，然后通过红外热像仪测量船板上表面的温度变化趋势，同时利用激光位移传感器测量变形船板测试点的位移，并与有限元模型计算结果进行比较，旨在验证有限元模型和 MIMO-SVM 预测模型的有效性和可靠性。

4.1　船体外板成形加工数控设备

　　实际加工系统由控制系统及主机、龙门架、加热及冷却系统、温度测量系统和三维变形数据测量系统组成，系统构架及控制关系如图 4.1 所示，实物如图 4.2 所示。

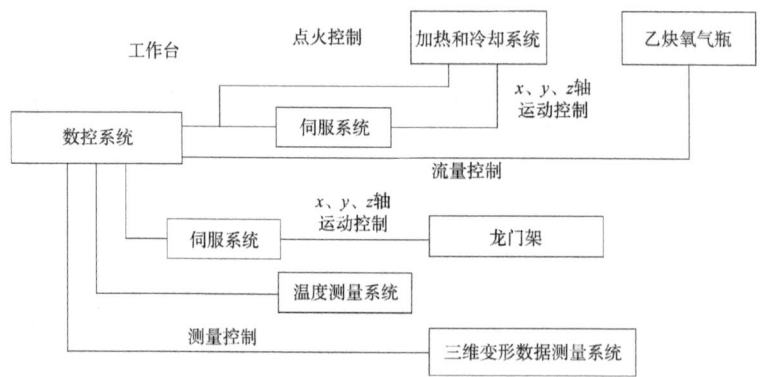

图 4.1　加工装备系统框图

图 4.2　船板曲面成形设备

1. 龙门架结构及控制系统

龙门架能带动加热头实现三轴（x、y 和 z 轴）方向的运动，如图 4.2 所示。该控制系统主要由工控机、PLC、伺服控制器和其他低压控制器件等组成。工控机是该加工系统的上位机，整个工艺流程由该计算机制定，其监控界面如图 4.3。PLC 控制器是该加工系统的下位机，主要负责将计算机制定好的控制指令和控制面板控制命令下达给伺服控制器，并完成相关逻辑控制和限位报警等。伺服控制器控制龙门架 x、y 和 z 运动机构及激光测距仪的轨迹运动和定位控制，各个方向移动的精度均为 0.01mm。

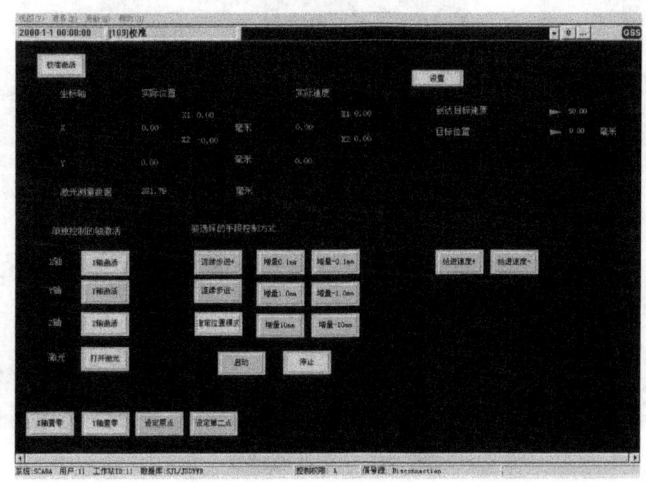

图 4.3　监控界面

2. 加热和水冷却装置

加热和水冷却装置由点火装置、加热头和水冷却喷嘴构成，从左到右依次安装，结构如图 4.4 所示。由于不同的氧乙炔气体流量在喷嘴处燃烧时产生的火焰结构不尽相同，通过加热头右侧安装设计长度可调的支撑杆，可以实现在不同氧乙炔流量下利用火焰最高温度部分对船板表面进行加热。

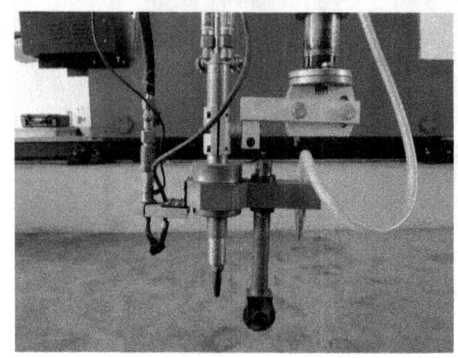

图 4.4 加热头

3. 温度数据测量系统

本实验中利用红外热像仪（设备型号为锐测 AI50）采集整个加热过程中船板上表面的温度数据，测量温度范围是 $50\sim1000℃$，测量精度为 $\pm2℃$。设备以及数据分析软件分别如图 4.5 和 4.6 所示。

图 4.5 红外摄像仪

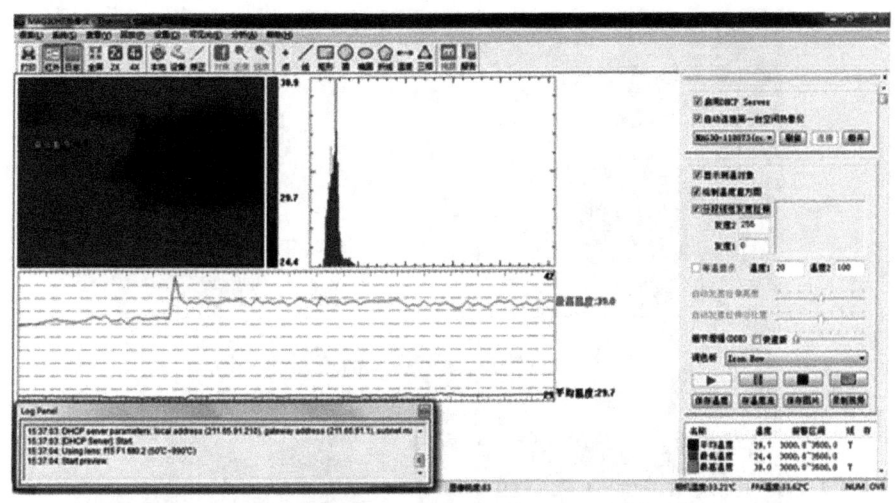

图 4.6 数据分析软件

4. 三维变形数据采集系统

本实验中利用激光测距仪采集变形数据，设备型号为 IL-300，测量精度为 0.01mm，设备如图 4.7 所示。测距仪被安装固定在加热头上方，加工完毕之后借助龙门架行走机构测距仪测量标记点加热变形后的三维坐标数据，通过该数据计算船板的残余变形。

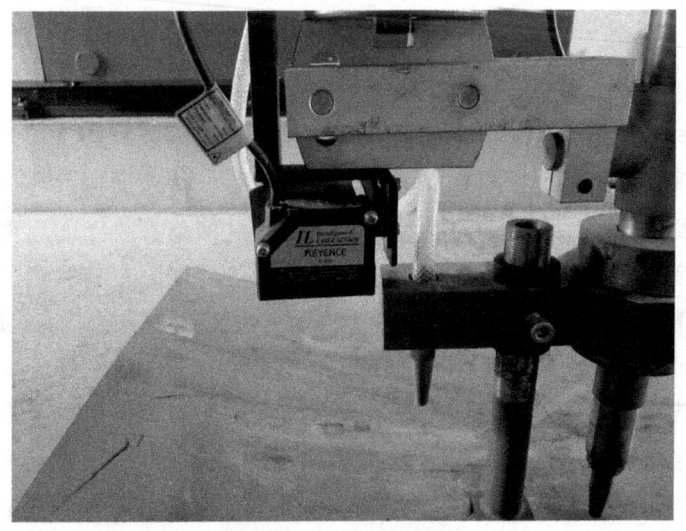

图 4.7 激光测量仪

其他设施如气体流量控制装置如图 4.8 所示。

图 4.8 气体流量控制装置

4.2 "线加热"工艺有限元模型和 MIMO-SVM 预测模型验证实验

4.2.1 验证方法

通常情况下，温度场的验证主要是通过比较两种温度分布来判定实验温度场是否与数值模拟温度场相似：一是线加热过程中某时刻船板上表面最高温度点处垂直于加热线方向直线上的温度分布；二是线加热过程中船板在加热线上的温度分布。温度场的相似性规律认为这两条直线上的温度分布代表着整个温度场的特征分布，因此当这两条直线的温度分布实验测量值接近于数值计算值时，则可以认为船板整个上表面的实测温度分布相似于数值模拟。

变形场结果验证，如图 4.9 所示，首先标记若干测量点置于实验船板上表面的加热线两侧以及下表面，然后通过激光测距仪测量船板上标记点变形前后的三维坐标数据，最后通过公式（3.2）和公式（3.3）即可计算 ΔL 和 δ，实验数据如果相近于数值模拟数据，则可以证明数值模拟计算的有效性。

图 4.9　船板测量点标记

4.2.2　实验方案

本实验选用的 2 块船板尺寸为：

① 1000mm×1000mm×14mm；

② 1000mm×1000mm×18mm，确定的实验方案如表 4.1 所示。

表 4.1　验证实验方案

实验序号	h (mm)	$Q_{C_2H_2}$ (L/h)	v_{HL} (mm/s)	冷却方式
1	14	1354	2.8	正面水冷
2	14	1362	2.83	正面水冷
3	14	1370	2.87	正面水冷
4	14	1594	3.56	正面水冷
5	14	1614	3.64	正面水冷
6	14	1626	3.7	正面水冷
7	18	940	1.55	正面水冷
8	18	948	1.58	正面水冷
9	18	956	1.64	正面水冷
10	18	1074	2.02	正面水冷
11	18	1086	2.07	正面水冷
12	18	1220	2.14	正面水冷

4.2.3 实验结果和误差分析

1. 表面温度 T_S 验证

各实验方案的 T_S（数值模拟值和实验测得值）如表 4.2 所示。选取实验序号 3 的实验和数值仿真结果，给出红外热像仪记录下来的温度分布（加热过程中和火焰瞬时熄灭时刻）如图 4.10 所示。两条特征曲线（数值模拟值和实验测得值）的温度分布结果的曲线如图 4.11 所示。

表 4.2　数值计算和实验的 T_S 值

实验序号	1	2	3	4	5	6
计算 T_S（℃）	802	812	821	811	803	822
实验 T_S（℃）	853.1	853.2	851.9	853.8	854.2	853
实验序号	7	8	9	10	11	12
计算 T_S（℃）	824	821	811	809	801	803
实验 T_S（℃）	854.1	854	853.3	852	851.6	854.1

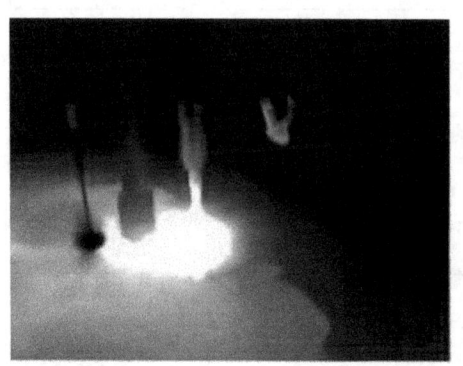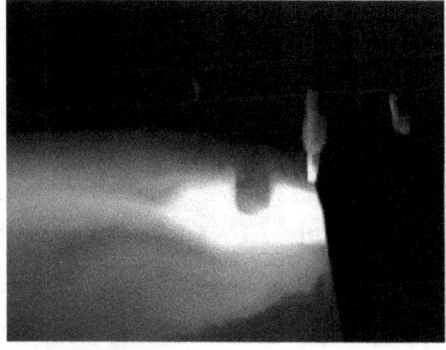

图 4.10　实验序号 3 船板红外测量

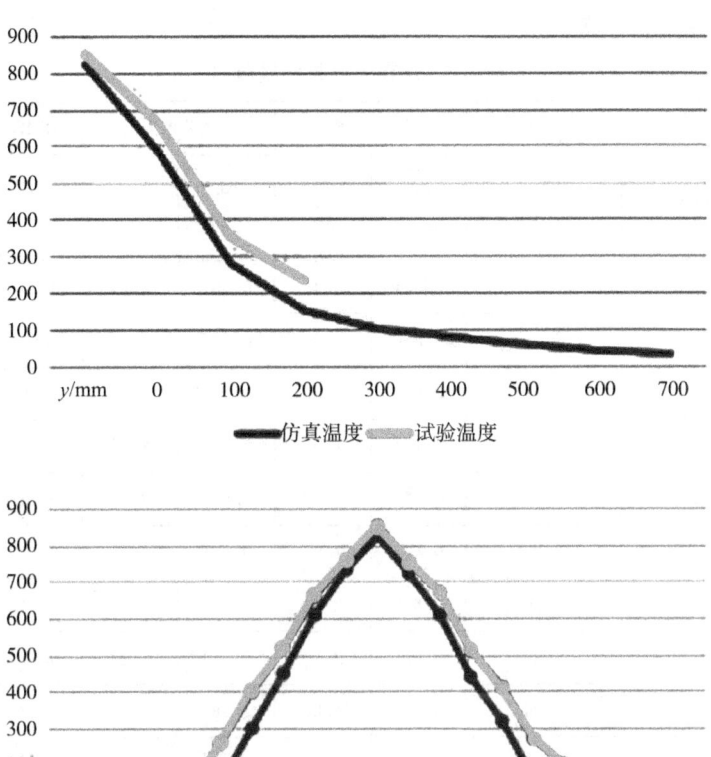

图 4.11　序号 3 实验温度计算与测量结果比较

由图 4.11 不难发现有限元数值模拟计算的温度场结果是接近于实验测得数据的。在进行水冷却时，船板表面上有大量的冷却水存在，这不可避免地造成测量船板 T_S 难度较大，因此本书没有整个冷却过程的 T_S 实测数据。不过可以看出在 400℃ 以上的高温段，有限元数值模拟计算温度接近于实验温度，误差不超过 20%，并且同时考虑到材料特性参数在有限元计算时均采用分段线性插值的方法来取值，计算结果也会产生误差。因此本书认为有限元数值模拟计算的温度场模型针对复杂线加热工况来说是有效和可靠的。

2. 有限元变形及 MIMO-SVM 预测变形与实验数据的验证

变形场的测量主要通过激光测距仪测量标记点三维坐标数据来获得，通过表 4.3 和 4.4 可以得到数值模拟计算结值、实际测量值和 MIMO-SVM 神经网络预测模型计算结果。

表 4.3　船板变形量结果对比

实验序号	q_s (J/mm²)	$q_{s·t}$ (J/(mm²·s)) ×10⁻²	仿真计算		实验测量		MIMO-SVM 预测	
			ΔL (mm)	δ (°)	ΔL (mm)	δ (°)	ΔL (mm)	δ (°)
1	25.2	7.05	0.601	2.46	0.661	2.71	0.599	2.45
2	25.1	7.09	0.587	2.40	0.657	2.69	0.594	2.43
3	24.9	7.13	0.582	2.38	0.646	2.64	0.587	2.40
4	22.8	8.10	0.471	1.93	0.542	2.22	0.476	1.95
5	22.5	8.20	0.468	1.92	0.529	2.17	0.467	1.91
6	22.3	8.26	0.464	1.90	0.528	2.16	0.445	1.82
7	37.4	5.80	0.640	2.04	0.736	2.35	0.640	2.04
8	37.0	5.84	0.629	2.00	0.711	2.27	0.624	1.99
9	35.6	5.84	0.585	1.86	0.667	2.13	0.586	1.87
10	31.4	6.35	0.438	1.40	0.482	1.54	0.439	1.40
11	31.0	6.42	0.426	1.36	0.477	1.52	0.425	1.35
12	30.8	6.58	0.439	1.40	0.487	1.55	0.438	1.40

从表 4.3 可以得到以下结论：有限元数值模拟计算的 ΔL 与实测结果相比较平均误差为 13.1%，δ 平均误差为 14.1%；MIMO-SVM 神经网络预测模型的 ΔL 与实测结果相比较平均误差为 11.3%，δ 平均误差为 12.5%。两种模型的预测结果接近于实验结果。通过计算测量值获得实测残余变形量（ΔL 和 δ）的结果，而测量值的测量过程和间接的计算过程都会产生不同程度的误差，因此本书认为这两种仿真模型是基本可靠的。同时，从实测数据不难发现，3.3.2 节的第二结论也得到了验证，因此采用新提出的复合变量（q_s，$q_{s·t}$）替代众多影响残余变形的加热参数来表征综合效果是可行的。

表 4.4　实验 3 号单条加热线的变形情况

序号	纵坐标	ΔL（mm）	δ（°）
1	120	0.535	2.19
2	320	0.685	2.81
3	520	0.736	3.02
4	720	0.732	3.00
5	920	0.545	2.23
平均值		0.646	2.65

从表 4.4 不难发现船板出现"不均匀变形"现象，且变形量相对船厂的工艺要求偏小。

4.3　本章小结

本章首先制订实验方案，然后利用船体外板曲面自动成形装备开展验证实验，其中红外摄像仪完成温度数据的采集，激光测距仪完成变形数据的采集，将实测数据与有限元数值模型和 MIMO-SVM 神经网络预测模型的计算数据进行对比，结果基本一致，因此本书认为对于在船厂复杂的"线加热"工艺工况来说，两种模型计算的结果是可靠的和有效的。

第五章　船体外板曲面线加热成形智能决策支持系统

前面几章对船体外板曲面线加热成形机理进行了详细分析，得到了加工参数与船板残余变形的规律，并通过曲面成形数控装置进行了实验验证。在此基础上，为了能够全面实现船体外板曲面线加热自动成形，还必须有一套软件系统能自动给出加工方案。因此，本章将智能决策引入到船体外板曲面成形领域中，构建了"线加热"工艺智能决策支持系统，该系统成为制定"线加热"工艺加工方案的"大脑"。

5.1　智能决策支持系统总体设计

智能决策支持系统主要由知识库、推理机、知识获取、人机交互界面和综合数据库等部分组成，知识库和推理机是该系统的核心部分。具体结构如图5.1所示。

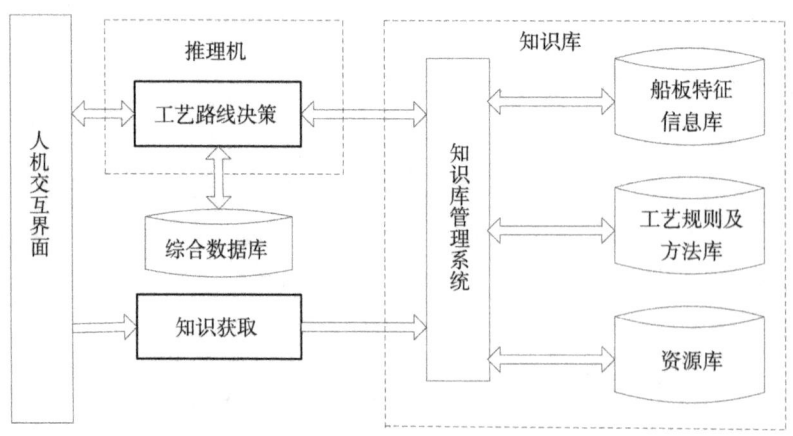

图 5.1　智能决策支持系统结构

1. 知识库

从图 5.1 可以看出，知识库由船板特征信息库、"线加热"工艺规则及方法库、资源库和知识库管理系统等部分组成。它是整个智能决策支持系统的基础，其各种知识的组织和表达形式将对系统运行的正确性和有效性起着决定性作用。

2. 推理机

推理机主要是根据生产工艺要求，通过各种推理方法在知识库寻找合适的知识，在此基础上利用智能算法最终形成最优的加工方案，包括各种"线加热"工艺决策算法，加工方案的生成及优化和工艺参数的选择等。推理机是整个智能决策支持系统的关键，它的智能化程度决定着决策支持系统的智能化水平。

3. 知识获取

知识获取是指利用机器学习的方法，从工艺设计师以及实操人员获得经验知识，或者从企业的工艺文件中获取工艺知识，并将这些知识通过具体软件程序转化成为计算机所能识别的工艺推理规则和工艺方法，从而不断更新、扩充和优化工艺规则及方法库。

4. 人机交互界面

人机交互界面是智能决策支持系统与外界进行信息交换的渠道，一方面实现船板信息的导入，特征信息的识别和处理；另一方面将智能决策支持系统生成的加工方案、工序内容和工时安排等工艺文件进行输出。

5.2　知识库的构建

知识库主要负责存储和管理工艺专家的经验性知识和工艺基本原理性知识，是智能决策支持系统进行各种推理和决策的基础，它主要由船板特征信息库、"线加热"工艺规则库及方法库和资源库等构成。其中：船板特征信息库中存储的是船板的几何特征信息、工艺特征信息和加工信息；"线加热"工艺规则库及方法库中存储的是用于工艺推理和决策的知识，包括工艺设计师和实操人员的经验规则性知识和工艺参数生成的方法；资源库中存储的是船板加工所用的加热头、重块、夹具、数控机床行走机构以及测量设备等各种资源。

5.2.1 船板特征信息库构建

从前几章的研究可知，"线加热"工艺具有复杂和多样等特性，若采用传统单一的知识表示方法对其进行描述，很难达到清晰、准确和全面的程度。因此，本书结合特征建模技术，提出一种基于"线加热"工艺船板综合特征的知识表示方法，完成知识库的构建，旨在将"线加热"工艺知识表示得清晰、准确和全面。

5.2.1.1 特征建模技术综述

特征建模技术的出现和发展为解决 CAD/CAPP/CAM 集成提供了理论基础和实现方法[76]，被誉为 CAD/CAM 发展的新里程碑。它描述产品时必须体现整个生命周期各阶段的不同需求，因此这种描述产品方式所体现的信息将非常完整、全面，即重构零件模型，使得其他应用系统可以方便直接地从该零件模型中抽取有效信息[77]。

（1）定义

1978 年，J. W. Seltes 在其《CAD 零件的特征表示》（学士论文）中首次提出"特征"的概念，至今仍没有一个严格完整的定义。"特征"是一个综合概念、实体信息载体，特征信息与设计和制造过程息息相关，具有很强的工程意义。

特征建模建立在实体建模的基础之上，加入实体的精度及材料信息、技术要求和其他相关信息，另外还包含一些诸如零件加工过程中工序图的生成、工序尺寸的确定等动态信息，这些众多信息自然能完整全面地体现实体的特征。

（2）特点[78]

1）特征建模技术促使产品的设计工作依据产品的功能要素在更高的层次上开展产品设计工作，这样引用特征信息则可以直接体现设计意图。

2）特征建模技术使得产品在设计时就将加工条件、制造要求考虑进去，有利于降低产品成本，有利推动了行业内在产品设计和工艺方法等方面实现规范化、标准化和系列化。

3）特征建模技术可以针对某些专业应用领域的具体需求，在二维或三维平台上建立特征库，就可方便快速地生成所需要的形体。

4）特征建模技术提供了大量诸如产品、制造环境、开发者意志等方面，使得产品设计、分析、工艺准备、加工和检验的综合信息，使得各部门之间具有了共同语言，使得产品设计意图在各后续环节得到很好的贯彻。

5）特征建模技术着眼于将产品全生命周期的技术和生产组织、计划管理等多阶段的众多信息更好、更完整地表达，着眼于构建 CAD 与 CAx、MRP 与 ERP 等系统的集成化产品信息平台。

5.2.1.2　船板特征信息库的知识表示

"线加热"工艺加工所包含的信息可以分为两类：一是包含船板几何形状和材质等信息在内的基本特征；二是包含加工阶段的燃气流量、热源移动速度和冷却水流量等信息的加工特征。

（1）特征元的构成[79]

本书将船板的几何尺寸及形状、机械和材料特性参数等这些最基本的特征和船板达到期望变形后的三维曲面特征称之为特征元。某块船板的特征信息构成了其特征元 Fu_i，其属性可表示成一个四维向量：

$$\boldsymbol{Fu}_i = (fu\_ID, fu\_S, fu\_M, fu\_D) \tag{5.1}$$

其中：

1）fu_ID 表示特征元的唯一编号。

2）fu_S 表示特征元的形状特征，这里指的是板材的形状特征：长度、宽度、厚度和板型。因此，fu_S 可表示为四元组：

$$fu\_S = (L, W, h, fu\_S\_T) \tag{5.2}$$

① L 为船板长度；

② W 为船板宽度；

③ h 为船板厚度；

④ fu_S_T 为船板板型，取值如下

$$fu\_S\_T = \begin{cases} 0, & \text{单曲率} \\ 1, & \text{双曲率} \end{cases}$$

3）fu_M 表示特征元的材质特征，包括船板的含碳量、杨氏模量、屈服应力、泊松系数、热膨胀系数。因此，fu_M 可表示为五元组：

$$fu\_M = (fu\_M\_C, fu\_M\_E, fu\_M\_Y, fu\_M\_C_p, fu\_M\_C_T) \tag{5.3}$$

① fu_M_C 表示船板的含碳量；

② $fu \_ M \_ E$ 表示船板的杨氏模量（Young modulus）;

③ $fu \_ M \_ Y$ 表示船板的屈服应力（Yield stress）;

④ $fu \_ M \_ C_p$ 表示船板的泊松系数（Poisson's coefficient）;

⑤ $fu \_ M \_ C_T$ 表示船板的热膨胀系数（Thermal expansion coefficient）。

4）$fu \_ D$ 为一个多元组，存放船板三维特征点（型值点）信息。

（2）加工元的构成

某块船板的特征元为 $\boldsymbol{Fu}_i$，与之相对应的加工元 $\boldsymbol{Ou}_i$ 可表示为下式：

$$Ou_i = \{ou \_ ID, ou \_ Nu, ou \_ Step, ou \_ E\} \tag{5.4}$$

其中：

1）$ou \_ ID$ 表示加工元的唯一编号，与 $fu \_ ID$ 相对应。

2）$ou \_ Nu$ 表示加工步骤的数量。

3）$ou \_ Step$ 表示具体加工步骤，可以表示一个多元组：

$$ou \_ Step = \{ou \_ Step \_ ID, ou \_ Step \_ P_1, \cdots, ou \_ Step \_ P_i, \cdots, ou \_ Step \_ P_n\}$$

$$\tag{5.5}$$

① $ou \_ Step \_ ID$ 代表加工工艺步骤的序号；

② $ou \_ Step \_ P_i$ 代表具体第 i 个加工工艺参数，n 代表加工工艺参数的数量，与 $ou \_ Nu$ 对应。具体为：

$$ou \_ Step \_ P_i = \{ou \_ Step \_ P_i \_ T, ou \_ Step \_ P_i \_ P_j\} \tag{5.6}$$

$ou \_ Step \_ P_i \_ T$ 为加工类型：

$$ou \_ Step \_ P_i \_ T = \begin{cases} 0, & \text{冷加工} \\ 1, & \text{热加工} \end{cases}$$

$ou \_ Step \_ P_i \_ P_j$ 为具体工艺参数：

$ou \_ Step \_ P_i \_ P_j$

$$= \begin{cases} R, & ou \_ Step \_ P_i \_ T = 0 \\ (Q_j, v_j, P_{start}, P_{end}, \Delta L, \Delta \delta), & ou \_ Step \_ P_i \_ T = 1 \end{cases}$$

其中：R 为冷弯预辊弯半径；$(Q_j, v_j, P_{start}, P_{end}, \Delta L, \Delta \delta)$ 分别代表乙炔流量、加热速度、加热线首尾坐标、线变形和角变形；$ou \_ E$ 表示加工精度。

船厂通常要求船板线变形收缩误差 $|ou \_ E| \leqslant 2\text{mm}$。

5.2.2　工艺规则及方法库构建

5.2.2.1　船板加工方法判断规则

根据从船舶设计软件——Tribon 软件导出的三维点云数据，可以计算整个船板的高斯曲率分布，由此判断该船板为单曲率或双曲率板型。根据不同类型的船板类型，产生如下规则：

IF（船板为单曲率）

THEN（加工方式为机械冷弯）

IF（船板为双曲率）

THEN（加工方式为机械冷弯和"线加热"工艺（即热弯））

其中：机械冷弯方式是通过三线辊对船板进行机械弯曲，针对机械冷弯加工路线，线工艺决策支持系统只要提供预辊弯半径即可；针对"线加热"工艺（热弯）加工路线，系统则需要通过一系列推理才能得到加工方案。

5.2.2.2　经验式规则

船厂"线加热"工艺实操人员拥有丰富的加工经验，针对双曲率船板（帆形或鞍形），作者通过调研和集中归纳得到以下"线加热"工艺实操人员的经验规则：

1）单条加热线的加热方向为板内部指向边缘；

2）两支焰枪在对称加热线路径上同时加热；

3）线加热到船板边缘时，则通过增加加热时间来达到增加加热深度的目的。

5.2.2.3　船板不均匀展开方法

船板展开方法主要是通过求解船板展开后的裂缝位置和裂缝大小，根据裂缝位置即可确定加工轨迹，根据裂缝大小则可以求取加工热源参数。通常情况下，船板展开采用均匀展开，但考虑到船板曲面的高斯曲率分布具有不均匀性，本书提出不均匀展开的方式，旨在提高船板展开精度。

（1）展开原则[79]

本书采用几何展开方法。船体外板曲面一般都是不可展的自由曲面，若用几何方法展开不可展曲面时，只能近似展开。将不可展曲面划分成若干单元，展开时需满足可展曲面等长、保角、等积和等测曲率的性质。

船板在展开过程中存在曲率较大位置加热线较密、曲率较小的位置加热线较疏的生产工艺，再考虑到复杂曲面上曲率的变化特性，本书拟对船板曲面进行不均匀划分，首先计算基准线上各位置的曲率大小，曲率大区域单元划分数多，曲率小区域单元划分数小，这也是复杂曲面外板展开的另一原则。

（2）展开方法

考虑到加热线布置工艺中在曲率较大的区域焰道较密，曲率较小的区域焰道布置较疏，因此本文采用不均匀划分方法，即曲率大的区域划分的单元数多，曲率小的地方划分的单元数小，如图5.2和图5.3所示。

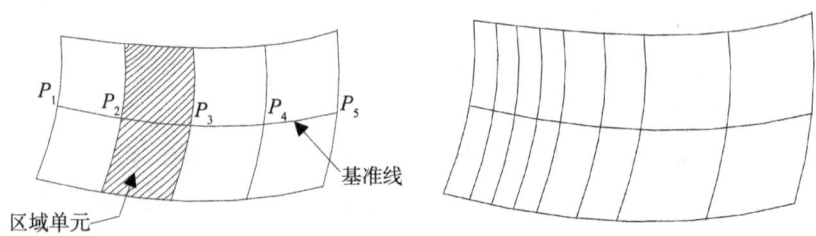

图 5.2 　均匀划分　　　　　　　图 5.3 　不均匀划分

本书综合考虑线加热加工时加热线布置要求和面积误差来确定展开中心。曲面面积展开误差 E 的计算公式如下：

$$E = \left| \frac{S - PS}{S} \right| \times 100\% = \frac{\left| \sum_{i=0}^{n} s_i - \sum_{i=0}^{n} ps_i \right|}{\sum_{i=0}^{n} s_i} \times 100\% \qquad (5.7)$$

其中：S 代表曲面面积，PS 代表展开图面积，$s_i(i = 0, 1, \cdots, n)$ 代表空间四边形单元的面积，n 代表曲面上划分空间四边形的个数，ps_i（$i = 0, 1, \cdots, n$）代表展开后平面四边形的面积。

根据船体外板的实际加工情况，本书所提出的不均匀展开方法步骤如下：

① 非均匀 B 样条表达船体外板形状；

② 确定展开中心；

③ 确定展开基准线；

④ 将曲面外板按曲率变化趋势划分成若干单元；

⑤ 展开每个单元；

⑥ 将四边形网格单元进行加密操作，然后判断裂缝是否收敛，若是则展开结束；若否则四边形网格划分加密，重复上述步骤，直到展开裂缝差在误差范围内；

⑦ 展开面积误差计算。判断面积误差是否在要求范围内，是，则展开结束；否，则返回②，重复上述步骤，直到展开面积差在误差范围内。

（3）应用实例

应用本节的方法，根据表 5.1 中某块船板的型值点数据，可以通过 NURBS 拟合曲面的方法得到该板的三维图，如图 5.4 所示。将该船板不均匀展开，展开得到的裂缝，其大小就是线加热加工时所需的收缩量（即线变形大小），其所在位置就是加热线需要布置的地方，如图 5.5 所示为此船板的均匀展开图，图 5.6 所示为展开结果的局部示意图，可以看出有裂缝产生。

表 5.1　船板的型值点坐标表

1	2	3	4	5	6	7	8	9
(−2150, −900, 9149)	(−2150, −675, 9108)	(−2150, −450, 9069)	(−2150, −225, 9033)	(−2150, 0, 9000)	(−2150, 225, 9033)	(−2150, 450, 9069)	(−2150, 675, 9108)	(−2150, 900, 9149)
(−1788, −900, 9061)	(−1788, −675, 9019)	(−1788, −450, 8979)	(−1788, −225, 8940)	(−1788, 0, 8903)	(−1788, 225, 8940)	(−1788, 450, 8979)	(−1788, 675, 9019)	(−1788, 900, 9061)
(−1426, −900, 8974)	(−1426, −675, 8931)	(−1426, −450, 8889)	(−1426, −225, 8849)	(−1426, 0, 8810)	(−1426, 225, 8849)	(−1426, 450, 8889)	(−1426, 675, 8931)	(−1426, 900, 8974)
(−1064, −900, 8887)	(−1064, −675, 8843)	(−1064, −450, 8800)	(−1064, −225, 8759)	(−1064, 0, 8718)	(−1064, 225, 8759)	(−1064, 450, 8800)	(−1064, 675, 8843)	(−1064, 900, 8887)
(−701, −900, 8800)	(−701, −675, 8755)	(−701, −450, 8712)	(−701, −225, 8669)	(−701, 0, 8627)	(−701, 225, 8669)	(−701, 450, 8712)	(−701, 675, 8755)	(−701, 900, 8800)
(−339, −900, 8713)	(−339, −675, 8668)	(−339, −450, 8624)	(−339, −225, 8580)	(−339, 0, 8537)	(−339, 225, 8580)	(−339, 450, 8624)	(−339, 675, 8668)	(−339, 900, 8713)
(23, −900, 8627)	(23, −675, 8581)	(23, −450, 8536)	(23, −225, 8492)	(23, 0, 8448)	(23, 225, 8492)	(23, 450, 8536)	(23, 675, 8581)	(23, 900, 8627)
(386, −900, 8541)	(386, −675, 8495)	(386, −450, 8449)	(386, −225, 8404)	(386, 0, 8359)	(386, 225, 8404)	(386, 450, 8449)	(386, 675, 8495)	(386, 900, 8541)
(750, −900, 8456)	(750, −675, 8409)	(750, −450, 8362)	(750, −225, 8316)	(750, 0, 8270)	(750, 225, 8316)	(750, 450, 8362)	(750, 675, 8409)	(750, 900, 8455)

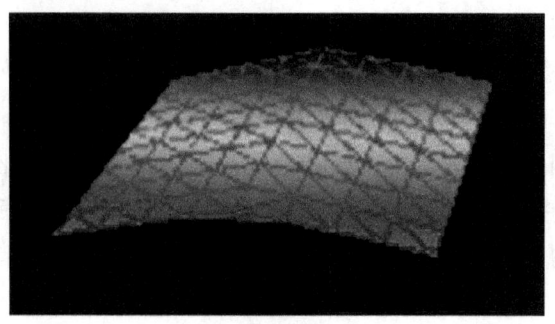

图 5.4　船板 3D 图

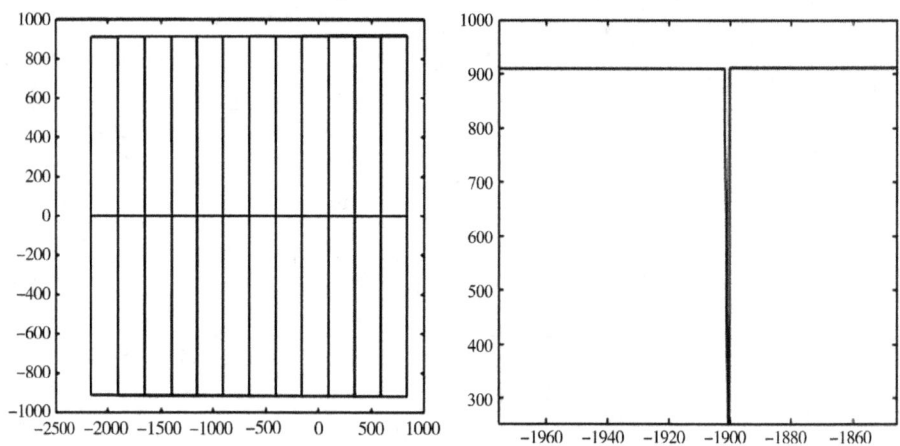

图 5.5　船板的均匀展开及局部裂缝示意图

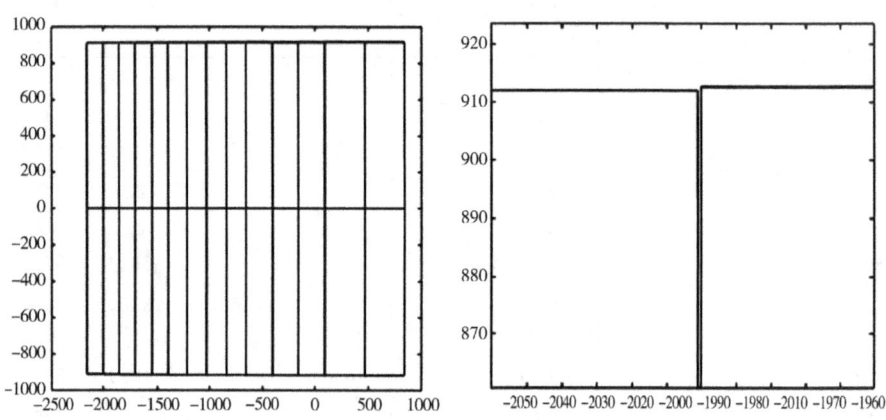

图 5.6　船板的不均匀展开及局部裂缝示意图

由图 5.5 得出的裂缝值如表 5.2 所示，可得船体板展开后上下裂缝总长收缩量为 14.64mm；由图 5.6 得出的裂缝值如表 5.3 所示，上下裂缝总长收缩量为 14.50mm。船厂给出的该板实际总收缩量为 14.46mm，可见两种展开结果与船厂实际结果相近，但不均匀展开方法得到的裂缝值更加均匀，且满足一次加热一般所能够达到的线变形大小。

表 5.2　船板均匀展开各裂缝值（单位：mm）

	裂缝 1	裂缝 2	裂缝 3	裂缝 4	裂缝 5	裂缝 6
上裂缝	1.02	0.93	0.85	0.73	0.67	0.60
下裂缝	1.02	0.93	0.85	0.73	0.67	0.60
	裂缝 7	裂缝 8	裂缝 9	裂缝 10	裂缝 11	
上裂缝	0.54	0.52	0.50	0.49	0.46	
下裂缝	0.54	0.52	0.50	0.48	0.49	

表 5.3　船板不均匀展开各裂缝值（单位：mm）

	裂缝 1	裂缝 2	裂缝 3	裂缝 4	裂缝 5	裂缝 6	裂缝 7
上裂缝	0.72	0.68	0.63	0.60	0.46	0.56	0.52
下裂缝	0.72	0.68	0.63	0.60	0.46	0.56	0.52
	裂缝 8	裂缝 9	裂缝 10	裂缝 11	裂缝 12	裂缝 13	
上裂缝	0.48	0.44	0.54	0.52	0.50	0.62	
下裂缝	0.48	0.44	0.54	0.52	0.50	0.62	

　　由表 3.3 中某帆形板的型值点构成的曲面面积为 5.48m²，通过均匀展开方法得到的展开图面积为 5.12m²，曲面面积展开误差 6.7%；通过不均匀展开方法得到的展开图面积为 5.31m²，曲面面积展开误差 3.1%，由此不难看出，不均匀展开方法的展开效果更好，验证了该展开方法的有效性和正确性。

5.2.2.4　加工热源参数获取方法

　　通过板展开方法获取加工轨迹之后，接下来需要继续获取加工热源参数，包括乙炔流量和移动速度。对于给定的裂缝大小，则可通过第三章建立的综合数据库进行查询，得到相应的加工参数。

5.3 推理机的构建方法

5.3.1 推理机概述

本书设计的智能决策支持系统中的知识推理主要是通过基于规则和智能优化方法的混合推理方法实现的。

5.3.2 推理机的推理过程

推理机的推理过程如图 5.7 所示。

步骤一：从船舶设计 Tribon 软件导出待加工船板信息，将其信息存入船板信息库中的特征元。

步骤二：采用 ICP 算法[80]将新入船板信息与已存船板信息进行比对，试图找出相似的已存船板信息。如果找到相类似船板，则导出其加工策略；否则进行步骤三。

步骤三：此步骤将处理没有找到相类似船板的情况。计算新船板的曲面高斯曲率分布，如果为单曲率分布，则进行冷弯加工，计算预辊弯半径；如果为双曲率分布，则进行第四步。

步骤四：此步骤处理船板曲面为双曲率分布的情况。首先计算机械冷弯预辊弯半径；然后采用板展开方法制订加工轨迹，根据优化算法在综合数据库搜寻相应的加工参数。

步骤五：根据加工方案进行实际加工，并在加工结束后将加工参数信息回存船板信息库中的加工元。

不难看出，推理过程中的步骤三和步骤四利用了工艺规则库中的船板加工方法规则，船板展开方法和加工参数获取办法。此外，第四步涉及的优化算法将在下一小节中着重阐述。

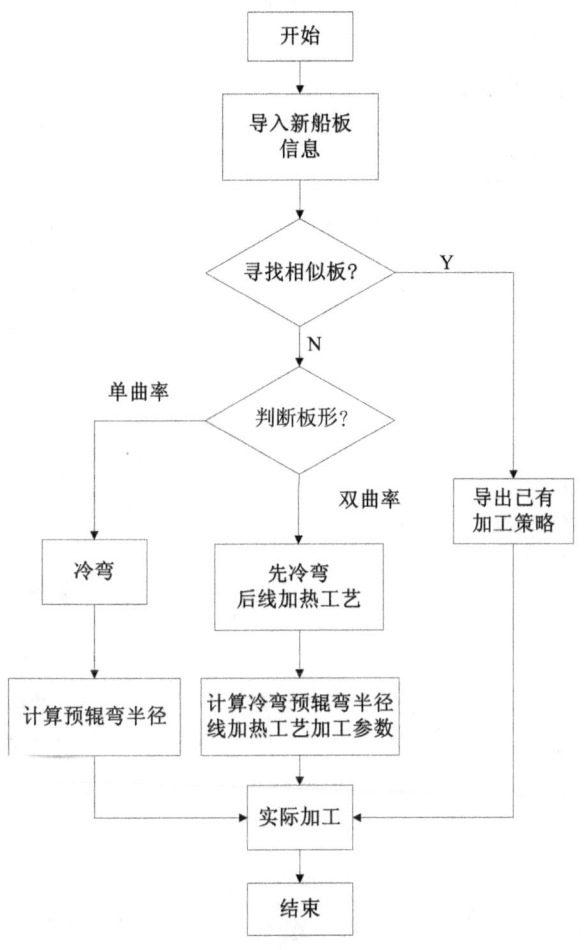

图 5.7　推理过程

5.3.3　基于蚁群算法的加工方案优化

　　纵观整个推理机的推理过程及具体步骤，第四步难度较大，本节将重点阐述该步骤中加工方案优化的实现方法。

　　对任何一个船板来说，在一定的展开精度下确定合适的船体外板展开结果，然后根据该板展开结果中的裂缝大小（即线变形大小）在第三章建立的综合数据库进行搜索相应的加工热源参数，符合要求的加工方案并不唯一。因此，在满足展开精度的条件下，如果综合考虑线加热加工时间和生产能耗等性能指标时，就需要从多种可行的加工方案中寻找一种较为合理的加工方案。本书通过建立加工方案评价指标体系，并采用蚁群优化算法寻找较优的加工方案。

5.3.3.1 建立评价指标体系

本书通过综合考虑"线加热"工艺生产时间和生产能耗，建立结构如图5.8所示加工方案评价指标体系。

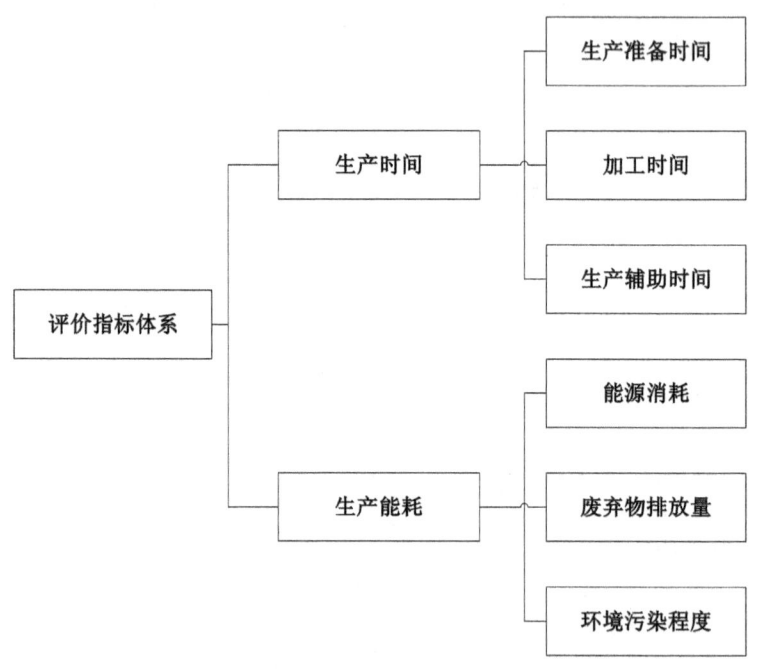

图5.8 评价指标体系

两个一级指标和六个二级指标构建了上述评价指标体系，其中一级指标包括生产时间和生产能耗，然后又分别设置相关联的二级指标。本书将生产能耗考虑作为评价工艺优劣的一个重要因素，旨在生产过程中做到节能减排，实现"绿色"制造。

为实现方便起见，生产时间二级指标只考虑加工时间，即加热过程所耗费时间；生产能耗二级指标只考虑能源能耗，即乙炔气体消耗。

5.3.3.2 基于蚁群算法的加工方案优化模型

蚁群算法初期是从模仿蚂蚁在寻找食物过程中发现路径的行为而发展起来的一种模拟进化算法；它具有一个统一的框架结构模型，具有并行分布计算的特点，拥有较好的鲁棒性和正反馈特性。因此，本书采用蚁群算法来搜索最优目标函数值，从而获取优化的合理加工方案。

（1）优化目标函数

综合考虑"线加热"工艺的加工时间和能源消耗，加工方案的目标函数可表示为：

加工时间函数：

$$\text{Time} = T(X) = \sum_{i=1}^{n} t(x_i) \qquad (5.6)$$

能源消耗函数：

$$\text{Energy} = E(X) = \sum_{i=1}^{n} e(x_i) \qquad (5.7)$$

根据具体实际生产要求，蚁群算法合理优化加工方案，属于多目标优化问题，其一般表示方式为：

$$\text{Optimal}(X) = \min[T(X), E(X)] = \lambda_t T^*(X) + \lambda_e E^*(X) \qquad (5.8)$$

其中：$T^*(X)$、$E^*(X)$ 为无量纲化处理后的目标函数值；λ_t、λ_e 为根据具体生产要求所分配的优化指标的权重；X 为加工方案；x_i 为具体的加工步骤，包括加工轨迹及加工热源参数；n 为加工步骤数；i 为加工步骤序号。

由于两个优化目标函数的量纲不尽相同，需对其进行无量纲化处理后才能对其进行运算操作。本书针对目标函数值采用阈值法进行无量纲化处理：

$$y_i = \frac{\max\limits_{1 \leqslant i \leqslant n} x_i - x_t}{\max\limits_{1 \leqslant i \leqslant n} x_i - \min\limits_{1 \leqslant i \leqslant n} x_i} \qquad (5.9)$$

（2）蚁群算法设计及具体步骤[81]

1）节点和路径的生成

待优化变量选择某一条加热线的两个变量（乙炔流量 $Q_{C_2H_2}$、加热速度 v_{HL}），并假设它们的有效位分别是 4 个和 3 个。为方便具体实现蚁群算法，在 xOy 平面上用符号 $\text{Knot}(x_i, y_{i,j})$ 代表一个节点，其中 x_i 代表线段 L_i 的横坐标（$i = 1 \sim 7$）；$y_{i,j}$ 代表线段 L_i 的节点 j 的纵坐标（$j = 0 \sim 9$），如图 5.9 所示。

假定某只蚂蚁从坐标原点 O 出发，当它经过其它六个线段后最终爬行至线段 L_7 上的任意一点时，则可认为该只蚂蚁已经完成一次爬行循环，显然，这只蚂蚁的爬行路径所代表的量可按照如下公式计算 $Q_{C_2H_2}$、v_{HL} 的值：

$$\begin{cases} Q_{C_2H_2} = y_{1,j} \times 10^2 + y_{2,j} \times 10^2 + y_{3,j} \times 10^1 + y_{4,j} \times 10^0 \\ v_{HL} = y_{5,j} \times 10^0 + y_{6,j} \times 10^{-1} + y_{7,j} \times 10^{-2} \end{cases} \qquad (5.10)$$

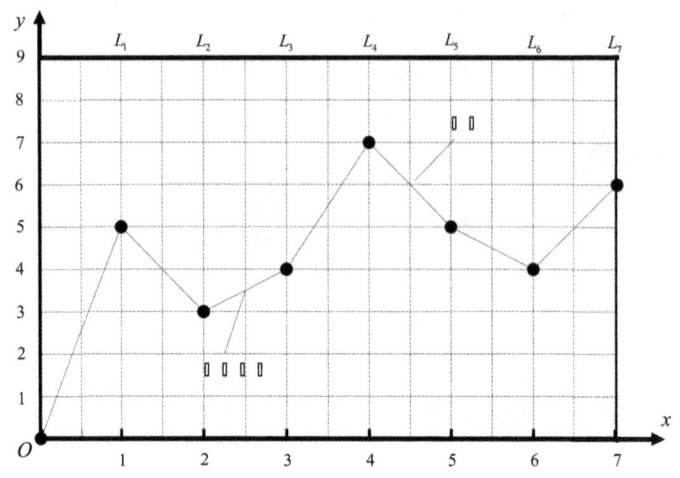

图 5.9 节点和路径生成示意图

2) 目标函数的建立

公式 (5.8) 即为目标函数。

3) 路径点的选择

假定每只蚂蚁从线段 L_i 上的任一节点爬至下一线段 L_{i+1} 上的任一节点所花的时间一致，与任意相邻两节点间的距离无关。设 $P_k(x_i, y_{i,j}, t)$ 表示在时刻 t 第 k 只蚂蚁由 L_{i-1} 上任一点向 Knot$(x_i, y_{i,j})$ 爬行的概率，则有

$$P_k(x_i, y_{i,j}, t) = \frac{\tau^a(x_i, y_{i,j}, t)\eta^\beta(x_i, y_{i,j}, t)}{\sum\limits_{j=0}^{9} \tau^a(x_i, y_{i,j}, t)\eta^\beta(x_i, y_{i,j}, t)} \tag{5.11}$$

其中：$\eta^\beta(x_i, y_{i,j}, t)$ 为节点 Knot$(x_i, y_{i,j})$ 上的能见度，且

$$\eta^\beta(x_i, y_{i,j}, t) = \frac{10 - |y_{i,j} - y_{i,j}^*|}{10} \tag{5.12}$$

4) 信息素的更新

假定在初始时刻 $t=0$，所有蚂蚁都位于坐标原点 O 的位置，所有蚂蚁经过 7 个时间单位后都从起始点爬至终点，此时调整各路径点的信息量如下式：

$$\tau(x_i, y_{i,j}, t+7) = \rho(x_i, y_{i,j}, t) + \Delta(x_i, y_{i,j}) \tag{5.13}$$

$$\Delta(x_i, y_{i,j}) = \sum_{k=1}^{m} \Delta\tau_k(x_i, y_{i,j}) \tag{5.14}$$

$$\Delta\tau_k(x_i, y_{i,j}) = \begin{cases} \dfrac{Q}{F_k}, & \text{若第 } k \text{ 只蚂蚁在本次循环中经过 Knot}(x_i, y_{i,j}) \\ 0, & \text{否则} \end{cases}$$

$$\tag{5.15}$$

其中：Q 表示信息强度，它在一定程度上蚁群算法的收敛速度受该参数影响；F_k 表示第 k 只蚂蚁在本次循环中的目标函数值，由公式（5.8）计算。

5）优化步骤

步骤一：设定蚂蚁数量 m，并提供一个具有 7 个元素的一维数组 $Path_k$ 赋予每只蚂蚁 k（$k=1\sim m$）。$Path_k$ 中依次存放第 k 只蚂蚁经过各节点的纵坐标值，用来代表该只蚂蚁的爬行路径；

步骤二：设定时间计数器 $t=0$，循环次数 $N_c=0$，初始化最大循环次数 $N_{c_{max}}$ 以及初始时刻各节点上信息量值 $(x_i,\ y_{i,j},\ 0)$。令 $\Delta\tau(x_i,y_{i,j})=0$，将全部蚂蚁放置于起始位置点 O；

步骤三：置变量 $i=1$。

步骤四：通过公式（5.11）计算蚂蚁向线段 L_i 上每个节点的转移概率，并为每只蚂蚁 k 在线段 L_i 上选择一个节点，此时采用赌轮盘选择方法，是对解的一种选择方法；然后将蚂蚁 k 转移到该选择好的节点上，同时将该节点的纵坐标值存至 $Path_k$ 的第 i 个元素中。

步骤五：置 $i=i+1$，若 $i\leqslant 7$，则跳转到步骤四；否则，跳转到步骤六。

步骤六：根据蚂蚁 k 所走过的路径，利用公式（5.10）计算该路径对应的参数 $Q_{C_2H_2}^k$、v_{HL}^k；计算机则将这些参数进行数值模拟仿真，得到仿真数据后并计算公式（5.8）来得到蚂蚁 k 所对应的目标函数值；记录卜本次循环中的最优路径，并将与其对应的此次循环最优值 $Q_{C_2H_2}$ 和 v_{HL} 存入 $Q_{C_2H_2}^*$ 和 v_{HL}^*。

步骤七：令 $t\leftarrow t+1$，$N_c\leftarrow N_c+1$，根据公式（5.13）～（5.15）更新每个节点上的信息量。

步骤八：如果 $N_c<N_{c_{max}}$ 且整个蚁群的路径结果尚还没有收敛到同一路径，则再次将全部蚂蚁置于起始点 O 并跳转到步骤三继续运行；如果 $N_c<N_{c_{max}}$ 但整个蚁群的路径结果已经收敛到同一条路径，则算法结束，算法最终输出最优路径及其所对应的最优参数写入 $Q_{C_2H_2}^*$ 和 v_{HL}^*。

5.3.4 应用案例

按照表 5.3 得到裂缝的值和加工线位置，接下来通过每条裂缝得到相应的加工参数。根据不同生产需求制订相应的目标函数，通过应用蚁群算法进行加工方案的寻优，本书给出三种考量情况下的案例结果。

1）当实际生产中考虑目标为时间最短时，即 $\lambda_t=1$，$\lambda_e=0$，通过蚁群算法可得加工参数如表 5.4 所示。

表 5.4　加工参数表格

上裂缝	裂缝宽度（mm）	裂缝长度（mm）	乙炔流量（L/h）	速度（mm/s）
1	0.72	839	820	1.22
2	0.68	839	830	1.27
3	0.63	836	844	1.34
4	0.60	832	850	1.37
5	0.46	844	982	1.65
6	0.56	840	928	1.38
7	0.52	836	974	1.59
8	0.48	830	978	1.62
9	0.44	854	993	1.7
10	0.54	839	954	1.5
11	0.52	845	962	1.54
12	0.50	844	974	1.59
13	0.62	860	842	1.33
下裂缝	裂缝宽度（mm）	裂缝长度（mm）	乙炔流量（L/h）	速度（mm/s）
1	0.72	836	820	1.22
2	0.68	841	830	1.27
3	0.63	856	844	1.34
4	0.60	854	850	1.37
5	0.46	845	982	1.65
6	0.56	844	928	1.38
7	0.52	850	974	1.59
8	0.48	846	978	1.62
9	0.44	850	993	1.7
10	0.54	858	954	1.5
11	0.52	853	962	1.54
12	0.50	832	974	1.59
13	0.62	841	842	1.33

2）当实际生产中考虑目标为能耗最少时，即 $\lambda_t = 0$，$\lambda_e = 1$，通过蚁群算

法可得加工参数如表 5.5 所示。

表 5.5 加工参数表格

上裂缝	裂缝宽度（mm）	裂缝长度（mm）	乙炔流量（L/h）	速度（mm/s）
1	0.72	839	800	1.2
2	0.68	839	805	1.24
3	0.63	836	842	1.33
4	0.60	832	848	1.36
5	0.46	844	950	1.6
6	0.56	840	870	1.35
7	0.52	836	920	1.5
8	0.48	830	950	1.58
9	0.44	854	985	1.67
10	0.54	839	940	1.47
11	0.52	845	945	1.51
12	0.50	844	957	1.56
13	0.62	860	829	1.31
下裂缝	裂缝宽度（mm）	裂缝长度（mm）	乙炔流量（L/h）	速度（mm/s）
1	0.72	836	800	1.2
2	0.68	841	805	1.24
3	0.63	856	842	1.33
4	0.60	854	848	1.36
5	0.46	845	950	1.6
6	0.56	844	870	1.35
7	0.52	850	920	1.5
8	0.48	846	950	1.58
9	0.44	850	985	1.67
10	0.54	858	940	1.47
11	0.52	853	945	1.51
12	0.50	832	957	1.56
13	0.62	841	829	1.31

3）当实际生产中考虑目标为时间和能耗均衡时，即 $\lambda_t = 0.5$，$\lambda_e = 0.5$，

通过蚁群算法可得加工参数如表 5.6 所示。

表 5.6　加工参数表格

上裂缝	裂缝宽度（mm）	裂缝长度（mm）	乙炔流量（L/h）	速度（mm/s）
1	0.72	839	810	1.21
2	0.68	839	820	1.26
3	0.63	836	844	1.34
4	0.60	832	848	1.36
5	0.46	844	965	1.62
6	0.56	840	900	1.37
7	0.52	836	951	1.55
8	0.48	830	965	1.6
9	0.44	854	990	1.68
10	0.54	839	950	1.49
11	0.52	845	961	1.53
12	0.50	844	966	1.58
13	0.62	860	838	1.32
下裂缝	裂缝宽度（mm）	裂缝长度（mm）	乙炔流量（L/h）	速度（mm/s）
1	0.72	836	810	1.21
2	0.68	841	820	1.26
3	0.63	856	844	1.34
4	0.60	854	848	1.36
5	0.46	845	965	1.62
6	0.56	844	900	1.37
7	0.52	850	951	1.55
8	0.48	846	965	1.6
9	0.44	850	990	1.68
10	0.54	858	950	1.49
11	0.52	853	961	1.53
12	0.50	832	966	1.58
13	0.62	841	838	1.32

5.4　智能决策支持系统的软件实现

5.4.1　软件体系架构

智能决策支持系统采用 C/S 架构，通过 . net 平台集成 C♯、Matlab 和 SQL Server 2010 等软件，这三个软件分别对应实现表示层、业务层和数据层，软件体系如图 5.10 所示。

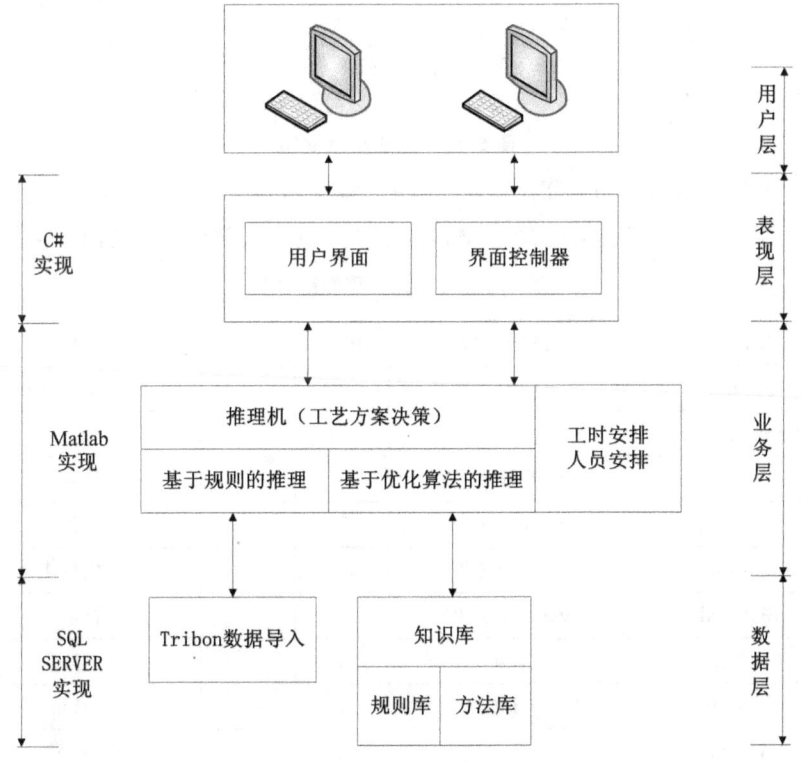

图 5.10　软件体系架构

5.4.2　系统功能设计

智能决策支持系统包括五大功能模块：“线加热”工艺加工方案决策、工艺知识管理、工时制定、基础数据管理和用户管理，各主要功能模块又分设二级功能子模块，具体系统功能如图 5.11 所示。

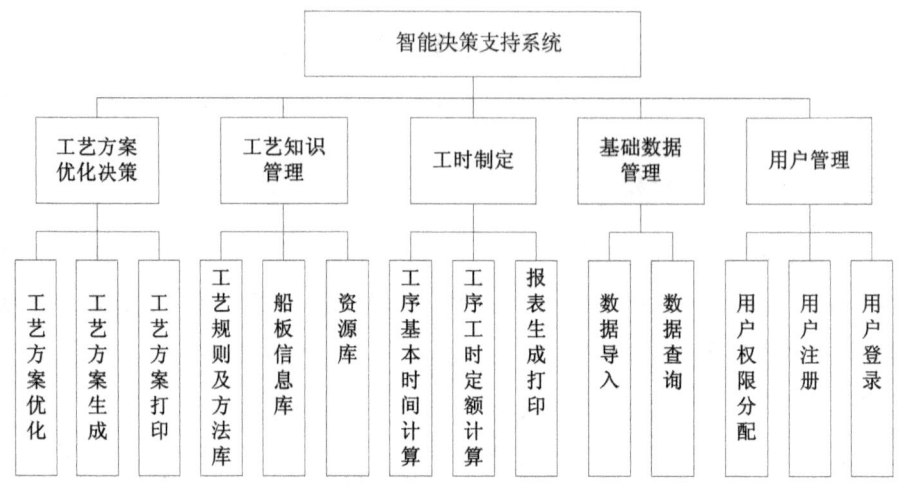

图 5.11　系统功能框图

其中：船板信息库通过 SQL Server 实现，如表 5.7、图 5.8 所示。工艺规则库和方法库所涉及的智能算法均由 Matlab 实现，其余大部分功能均由 C♯ 实现。

表 5.7　特征元实现数据字典

属性名	数据类型	长度	允许空	描述
PlateID	int	10		船板唯一标识符
ShipNumber	varchar（50）	50		船号
SegmentNumber	varchar（50）	50		分段号
PartNumber	varchar（50）	50		零件号
PlateName	varchar（20）	50		板件名
Material	varchar（10）	10		材质
Thickness	int	4		厚度
Length	int	4		长度
Width	int	4		宽度
PlateType	varchar（10）	10		船板类型
MaterialPara	varchar（100）	100		材料参数
FeaturePoints	varchar（2000）	2000		特征点三维坐标信息
PersonName	char（10）	10		添加人
AddTime	datetime	4		添加时间

表 5.8　加工元实现数据字典

属性名	数据类型	长度	允许空	描述
PlateID	int	10		船板唯一标识符
ProNumber	int	10		加工个数
ProcessID	int	10		加工参数标识符
PersonName	char（10）	10		审核人
CheckTime	datetime	4		审核时间
ID	int	10		序号
PlateID	int	10		船板唯一标识符
ProcessID	int	10		加工参数标示符
ProMethod	char（10）	10		加工方法
BendRadius	char（10）	10	√	预辊弯半径
Speed	int	4		加热速度
GasFlow	int	10		乙炔流量
HLPionts	int	4		加热线起始三维坐标
LineD	float	10		线变形
AngleD	float	10		角变形
Depth	float	5		加热深度
WaterFlow	float	5		水流量

5.4.3　应用案例

本节将 5.4.3 节的第三种方案加以实现，具体步骤如下。

1. 添加待加工船板

如图 5.12 所示，首先点击"添加新板"界面中的"导入文件"按钮，如图所示将指定的船板信息文件（.txt 格式）导入数据库。然后点击"导入 PDF 文件"按钮，将与.txt 文件对应的船板 pdf 文件导入数据库。这样，待加工船板的信息（包括船板的材质、厚度、长度、宽度、三维坐标和样板样箱等属性特征）通过此步骤全部导入到软件系统中。

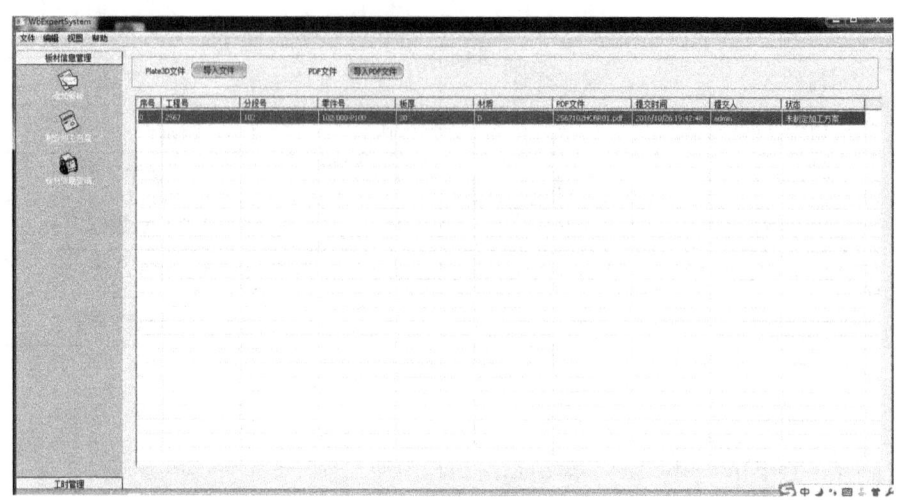

图 5.12　添加新板界面

2. 制订加工方案

如图 5.13 所示，在"制订加工方案"页面，选择需要加工的船板。在列表中选中指定的板材，在界面下方，显示出对应板材的 PDF 文件和三维曲面信息。通过 PDF 文件和三维信息，可以选择船板的类型和加工方法。点击"下一步"按钮后，进入下一步制订加工方案页面。

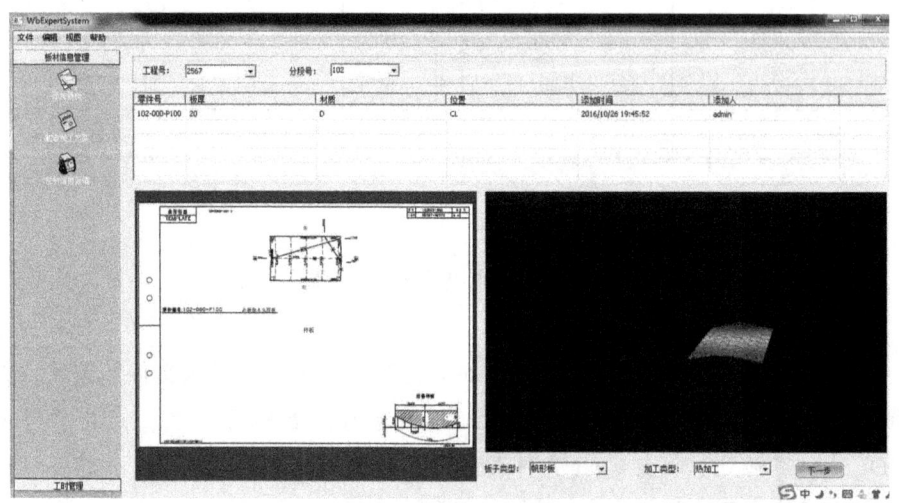

图 5.13　制订加工方案界面 1

如图 5.14 所示，点击"制订加工方案"按钮，生成加工信息，并可对加热线进行修改。同时将加工信息在界面的下方以 CAD 控件和列表的形式显示。

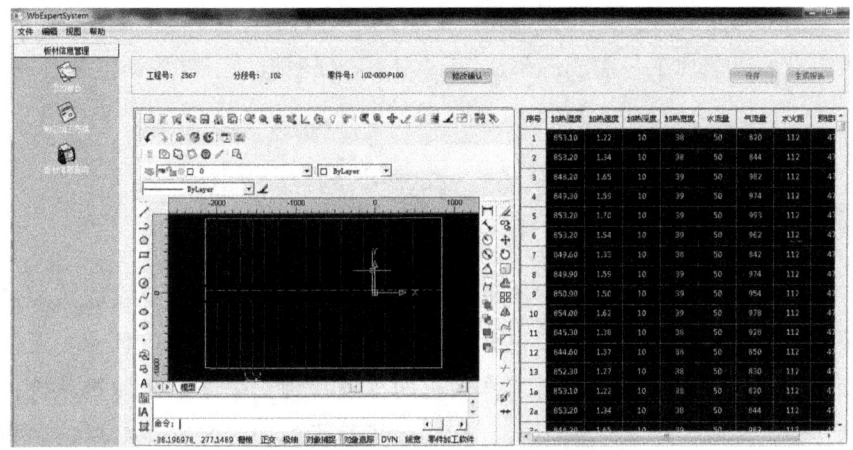

图 5.14　制定加工方案界面 2

如图 5.15 所示，查看加工报表，点击"导出"按钮，可将加工方案报表保存成 .PDF 或 .dwg 等格式的工艺文件，点击"打印"按钮亦可将报表打印。

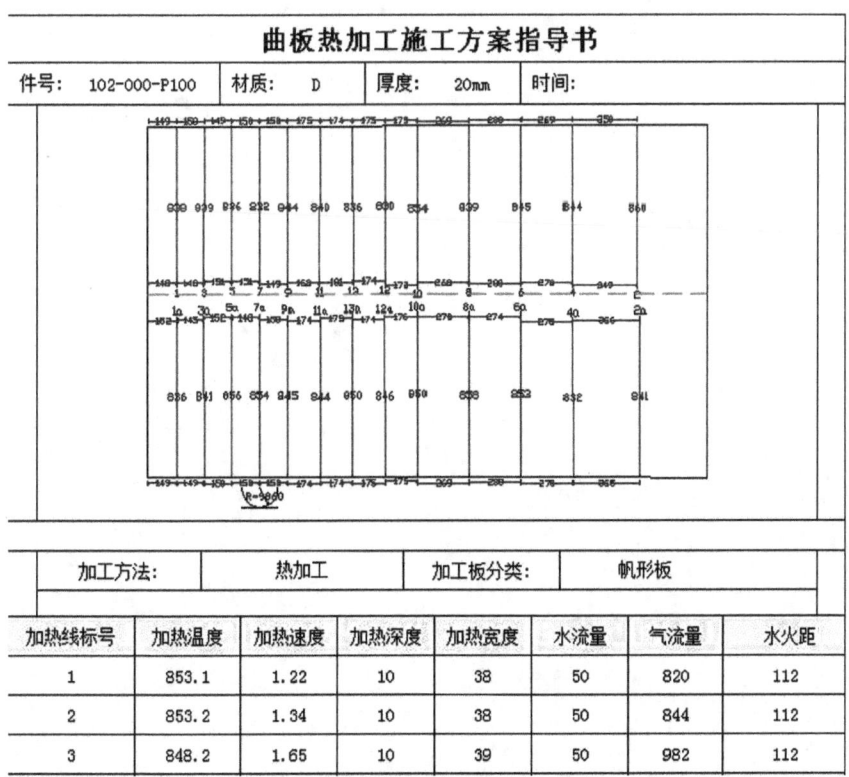

曲板热加工施工方案指导书

| 件号： | 102-000-P100 | 材质： | D | 厚度： | 20mm | 时间： | |

| 加工方法： | 热加工 | | 加工板分类： | 帆形板 | | |

加热线标号	加热温度	加热速度	加热深度	加热宽度	水流量	气流量	水火距
1	853.1	1.22	10	38	50	820	112
2	853.2	1.34	10	38	50	844	112
3	848.2	1.65	10	39	50	982	112

图 5.15　加工方案报表界面

最后将加工报表（即加工策略）交付船厂进行实际生产，"线加热"工艺实操人员的反馈加工一次成形率在 75％左右，证明该加工方案是可靠有效的。

5.5　本章小结

本章构建了由知识库和推理机为核心部件的船体外板曲面线加热成形智能决策支持系统。其中知识库包含基于特征建模技术的船板信息库、工艺规则库及方法库和资源库。给出了推理机的推理过程，建立了线加热评价指标体系，根据实际生产要求采用蚁群算法寻找最优的加工方案。最后编制相应的软件，建立基于 C♯、Matlab 和 SQL Server 的智能决策支持系统软件平台，实现为工艺实操人员提供优化的线加热加工方案。

第六章　"变速度"和"双重"线加热初探

本章首先基于温度梯度成形机理，从分析"不均匀变形"现象出发，对产生该现象的根源进行研究分析。为降低该现象对船板变形精度的影响，本书提出了氧乙炔气体热源"变速度"线加热的新工艺方法，并结合数值模拟手段，研究不同类型的"变速度"线加热方式下温度场和变形场的变化情况。然后，从"单"线加热方式下船体外板变形较小的现象出发，提出了"双重"线加热的新工艺方法，旨在提高船板变形大小，并进行了数值模拟仿真。

6.1　"变速度"线加热方式初探

6.1.1　"不均匀变形"现象的产生

本节利用第二章所建立的线加热成形温度场和变形场的有限元计算模型，对不同加热速度下的"不均匀变形"现象进行研究分析，以便揭示产生该现象的根源。

移动热源加热速度是线加热成形的重要工艺参数，不同加热速度影响热源输入能量和其在板内的扩散速度，因此加热速度直接影响船体外板变形的大小。图 6.1 给出了一定乙炔流量下，采用不同的加热速度船板角变形沿加热线的分布规律，加热速度设定分别为 2.1mm/s 和 2.3mm/s。明显看出，不同加热速度会对船板沿加热线的角变形分布产生影响，产生了不同程度的"不均匀变形"现象。

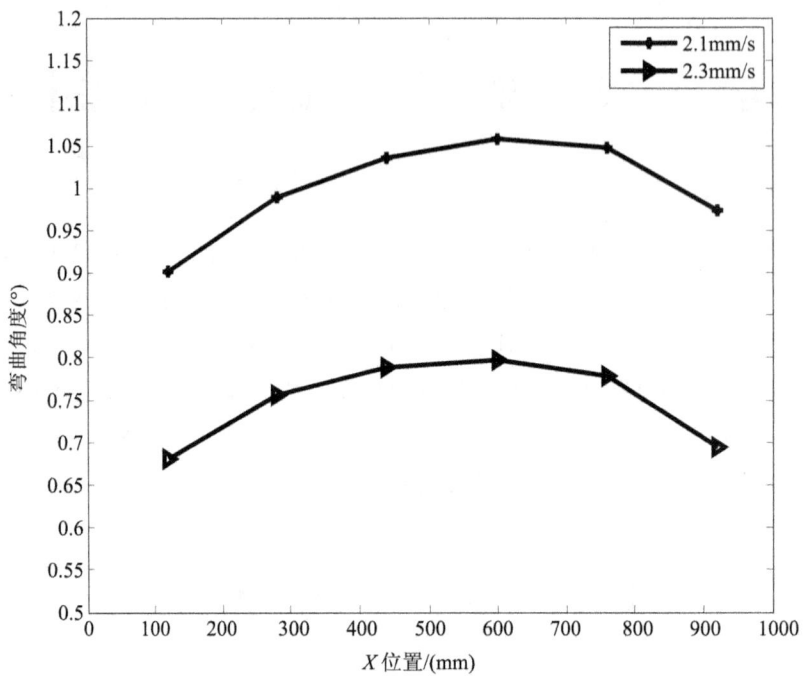

图 6.1 不同加热速度下角变形变化

6.1.2 "不均匀变形"现象的根源

为了揭示线加热成形"不均匀变形"现象的原因，需从温度场着手分析，图 6.2 所示为沿加热线最高温度的分布规律：在线加热开始阶段，温度迅速升高至 780℃ 左右后基本保持不变，直到快接近加热结束点时，温度略有下降。这种温度的分布规律现象很好地解释了图 6.1 中存在的线加热结束点的弯曲角度（即角变形）与起始点的角变形不同的原因。由此可以说明沿加热线的温度分布规律是线加热成形中产生"不均匀变形"现象的一个原因。此外，在线加热过程中，船板加热线上不同点受到的几何约束也是不尽相同的，这也是产生"不均匀变形"现象的另一个原因。

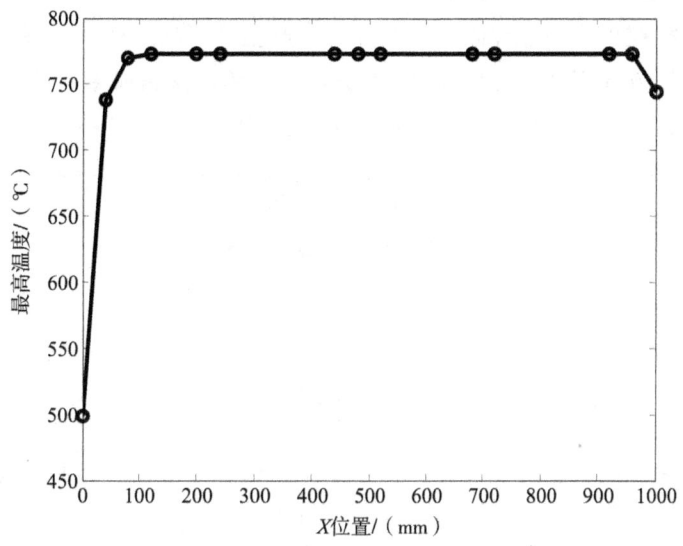

图 6.2 定速条件下最高温度分布

6.1.3 "变速度"线加热方式的提出

6.1.2节分析研究了线加热成形中产生"不均匀变形"现象原因，这为提出降低该现象影响的解决方法提供了依据。从6.1.2节可以得出，产生"不均匀变形"现象的原因如下：一是温度场在加热线上的不均匀分布导致船板变形不均匀，二是船板材料本身的几何约束在船板各部位也不尽相同，也是不变的。因此，本书采用最直接的思路：通过改变加热速度来改变氧乙炔气体热源与材料作用的时间达到热源输入的变化，平衡沿加热线上的不同点的约束。

6.1.3.1 基于"变速度"线加热的有限元建模

建立基于"变速度"线加热的有限元模型时，必须修改之前几章介绍的匀速线加热下的温度场有限元模型。在具体实施时，在 ANSYS 软件程序中通过改变氧乙炔气体热源在每个有限元单元上的作用时间，以此来实现"变速度"线加热方式。具体方法如下：设定 t_0 代表热源在第一个单元的作用时间，第二单元为 (t_0-t)，依此类推，在第 n 个单元 $[t_0-(n-1)t]$，如果 $t>0$，则热源是匀加速加热方式；若 $t<0$，热源是匀减速加热方式，当 $t=0$，热源是匀速加热方式。

6.1.3.2 单边加减速加热方式

首先分析在单边加速和减速加热方式下产生"不均匀变形"现象的情况。单边加速加热方式下速度变化为 2～2.5mm/s，单边减速加热方式下速度变化为 2.5～2mm/s，如图 6.3 所示为两种方式下速度变化趋势。

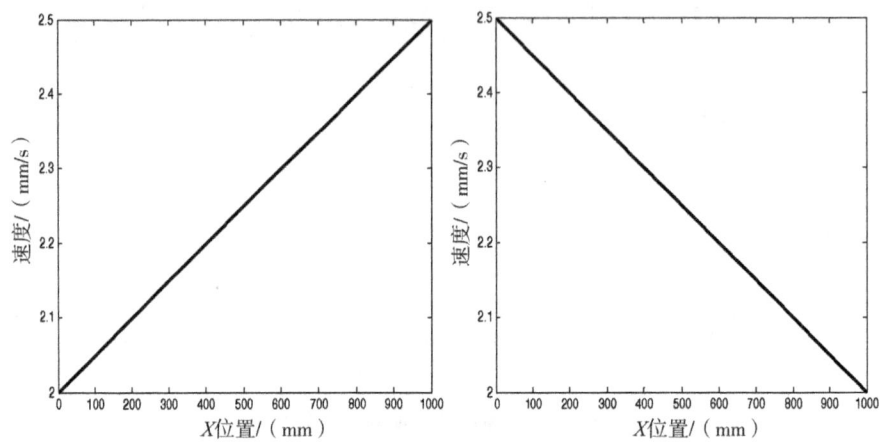

图 6.3　在简单加速和减速方式下的速度变化情况

图 6.4 提供了 ANSYS 数值模拟计算下单边加速和减速这两种加热方式的最高温度分布情况。可以从图中明显看出，在单边加速加热方式下，温度沿加热线方向逐渐递减；在单边减速加热方式下，温度沿加热线方向逐渐增加。

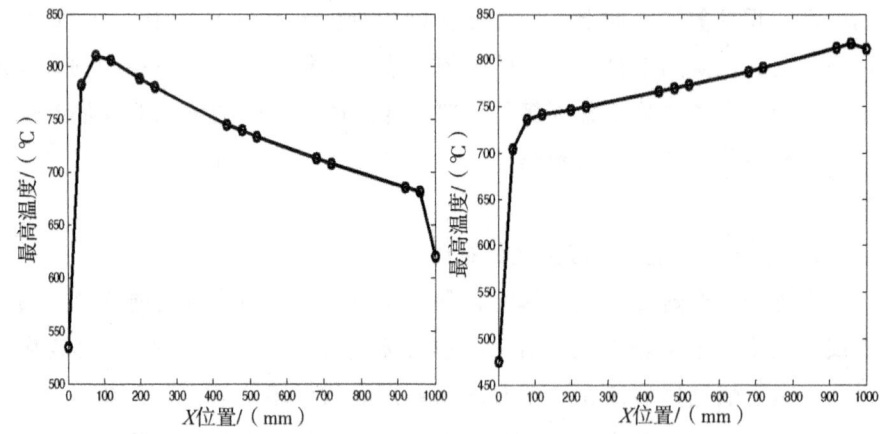

图 6.4　在单边加速和减速方式下沿加热线的最高温度分布

图 6.5 提供了 ANSYS 数值模拟计算下单边加速、减速加热方式下沿加热线弯曲角度变化情况，图中加入了匀速加热下的弯曲角度分布。与匀速加热相比，单边加速和减速加热方式均加剧了"不均匀变形"现象。在单边加速加热方式下，

沿加热线弯曲变形角度有微量升高后就一直保持下降。而在减速加热方式下，弯曲角度基本保持上升的变化趋势，在加热结束处，弯曲变形角度略有下降。

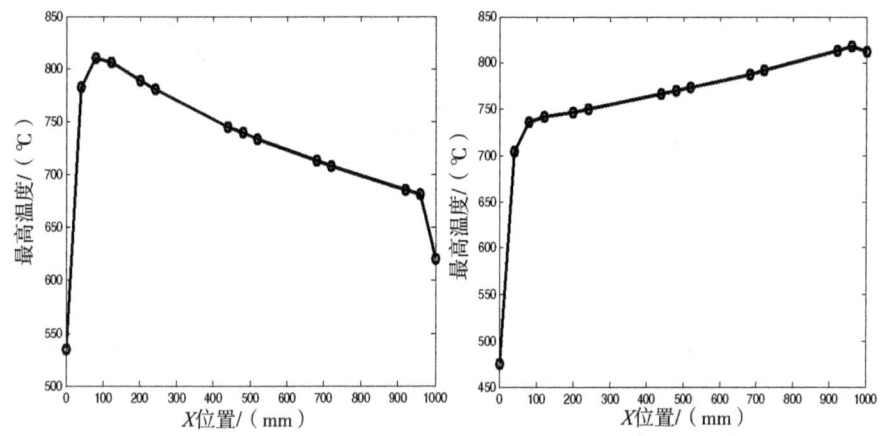

图6.5　在简单加速和减速方式下角变形的变化情况

6.1.3.3　加减速相结合的加热方式

由上节分析结论可知单边加速加热或者减速加热加剧了"不均匀变形"现象的影响。加速加热方式可以达到减小角变形的目的，而减速加热方式又可以增加角变形的目的，因此本书拟对船板进行线加热时采用加速和减速相结合的方式。

由于在船板加热线中部的几何约束最大，其弯曲变形量比加热线两端的大，因此可适当降低加热线中部的最高温度，即提高该区域的加热速度。基于上面的思路提出先加速后减速的加热方式，速度变化为 $2\sim2.5\sim2$mm/s，如图6.6所示。

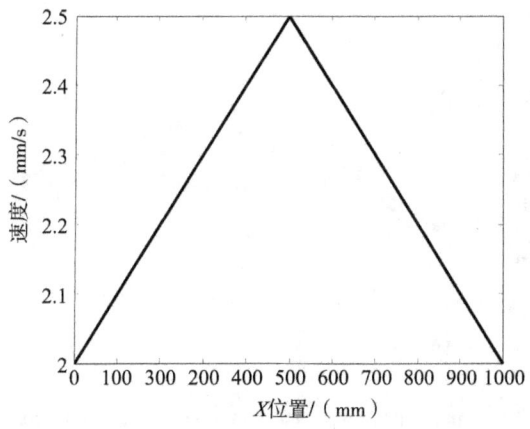

图6.6　在加减速结合方式下的速度变化情况

与单边加减速度加热方式分析过程相似，图6.7提供了沿加热线的最高温度分布。在加速阶段（加热线从 0mm 到 500mm）温度处于降低的态势，而在减速阶段（从 500mm 到 1000mm）处于温度上升的态势。

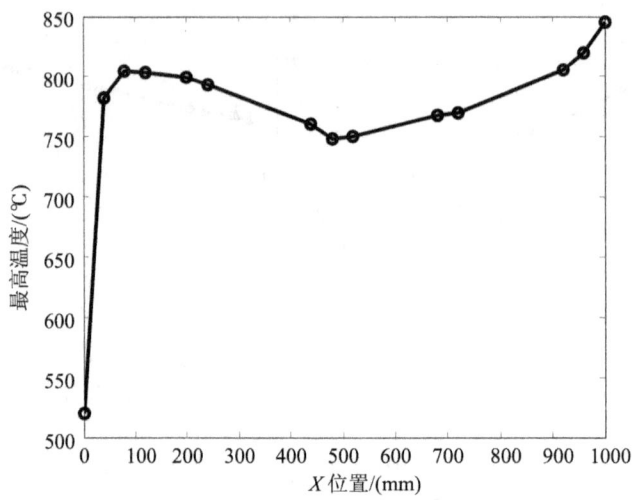

图 6.7 在加减速结合方式下的最高温度分布情况

图 6.8 所示为相应的沿加热线弯曲角度变化的数值模拟值。虽然"变速度"线加热模式下平均弯曲角度值比匀速加热略小，但沿加热线的弯曲角度的平均变化从匀速加热的 0.16° 下降为 0.06°，表明了通过先加速后减速的"变速度"加热方式在一定程度上可以消除线加热成形中的"不均匀变形"现象。

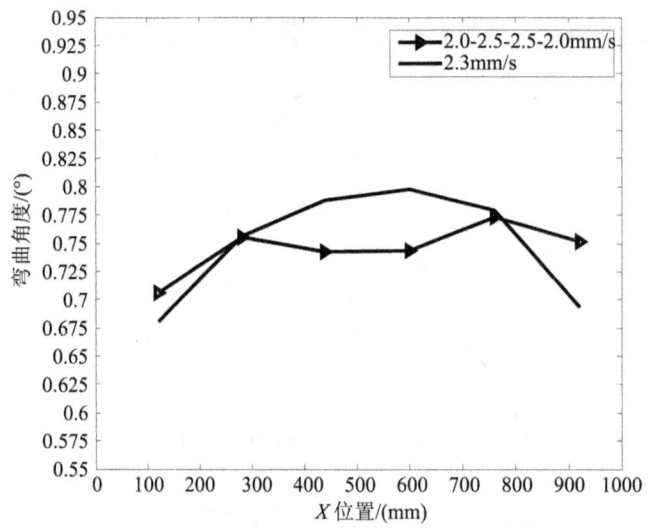

图 6.8 在加减速结合方式下的角变形分布情况

6.2 "双重"线加热方式初探[82]

从第一章绪论的国内外综述中可以发现，大多数线加热研究都是在"单"线加热模式的基础上开展的，"单"线加热产生的变形量通常较小，因此开展对"多重线加热"的研究是必要的，该工艺可以使得船板产生更大的变形效果。

本书提出的"双重"线加热工艺的加工过程如下：船板在某一加热线上进行第一次线加热（空气冷却）之后，Δt 时间后再在同一加热线上进行第二次重复线加热（正面水冷）之后。船板在经历第一次线加热后，其材料已变得松软，因此再进行第二次线加热，船板将会出现更大的变形。同时，船板在第一次线加热后由于会出现塑性变形而导致船板材料会发生应变硬化，这将直接影响船板变形的效果，因此"双重"或"多重"线加热的变形机理较"单"线加热要复杂很多，数值仿真实现过程亦是如此。

本书通过大量基于 ANSYS 的有限元数值计算，研究分析了"双重"线加热的温度场和变形场。

6.2.1 "双重"线加热数值仿真条件

①试验船板尺寸：板长 $L=300\text{mm}$，板宽 $W=300\text{mm}$，板厚 h 分别为 10mm、12mm 和 14mm。

②材料属性：材质为船用低碳钢，其材料特性见表 2.1。

③"双重"线加热加工参数：

第一次线加热的加工参数：$Q_{C_2H_2}=1200\text{L/h}$，$v_f=5\text{mm/s}$，采用空冷的冷却方式；第二次线加热的参数：$Q_{C_2H_2}=1100\text{L/h}$，$v_f=4\text{mm/s}$。

④加工过程：第一次线加热结束后，等船板冷却到 200℃ 左右开始进行第二次线加热。

6.2.2 "双重"线加热有限元结果

三种船板（板厚分别为 10mm、12mm 和 14mm）在 6.2.1 节中给出的相同加工条件下进行"双重"线加热过程的仿真试验，在整个加热过程中船板上表面 A 点位置（150，152，h）温度随时间变化的曲线如图 6.9 所示，不难发现厚板最高温度相对薄板低，散热速度快。

由于三种船板的材料特性一致且加工工艺条件相同，所以其温度场和变形场的分布相近，以板厚 $h=12mm$ 的船板为例，"单"加热线模式 $t=50s$ 时刻和"双重"线加热模式下 $t=160s$ 时刻的船板上表面温度场分布分别如图 6.10 和图 6.11 所示，图 6.12 和图 6.13 分别表示在"单"线加热模式和"双重"线加热模式下船板的残余形变。

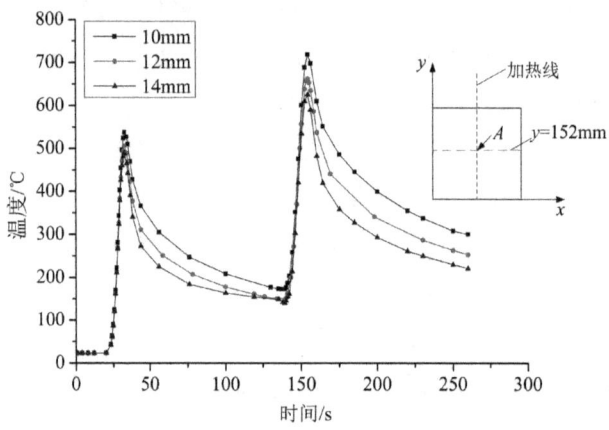

图 6.9 船板上表面点 A (150, 152, h) 温度曲线图

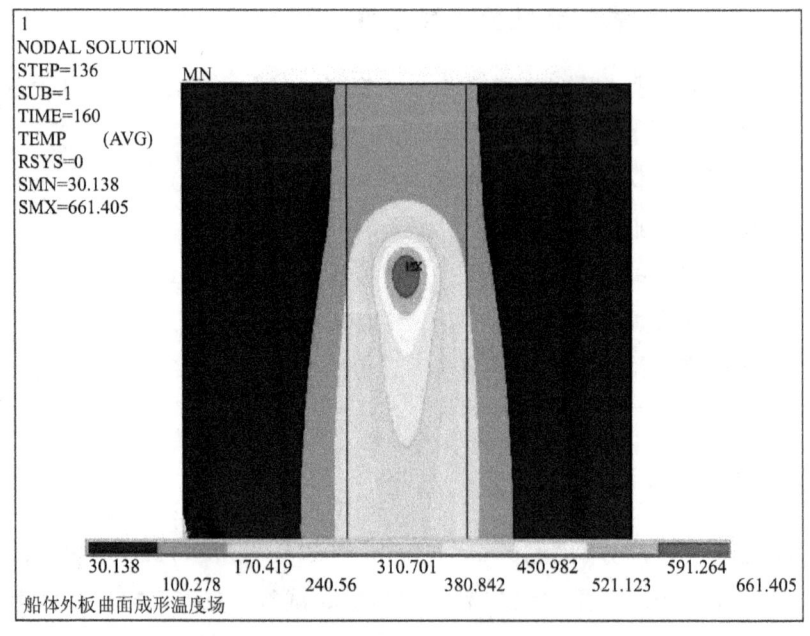

图 6.10 单线加热上表面温度分布 ($t=50s$)

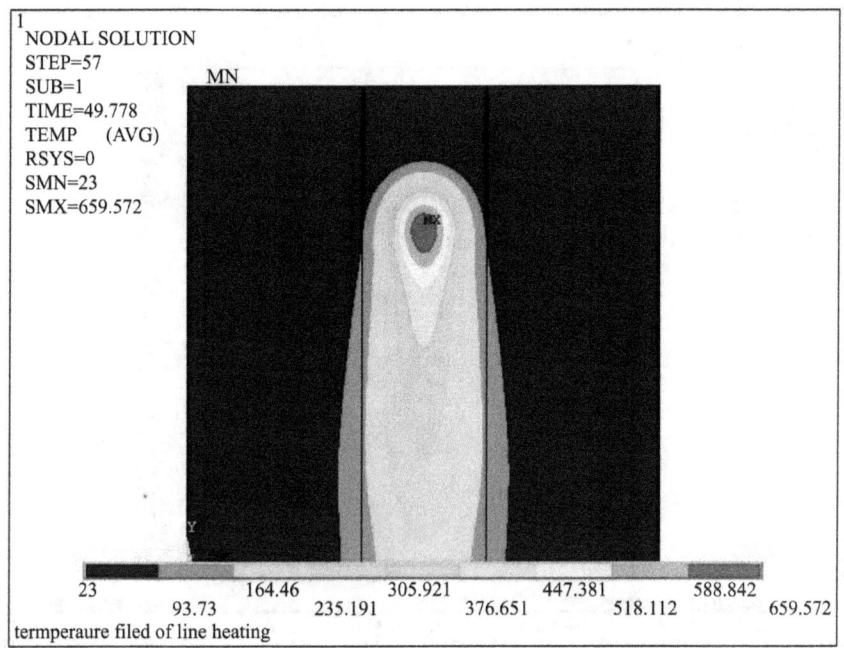

图 6.11 "双重"线加热上表面温度分布 ($t = 160s$)

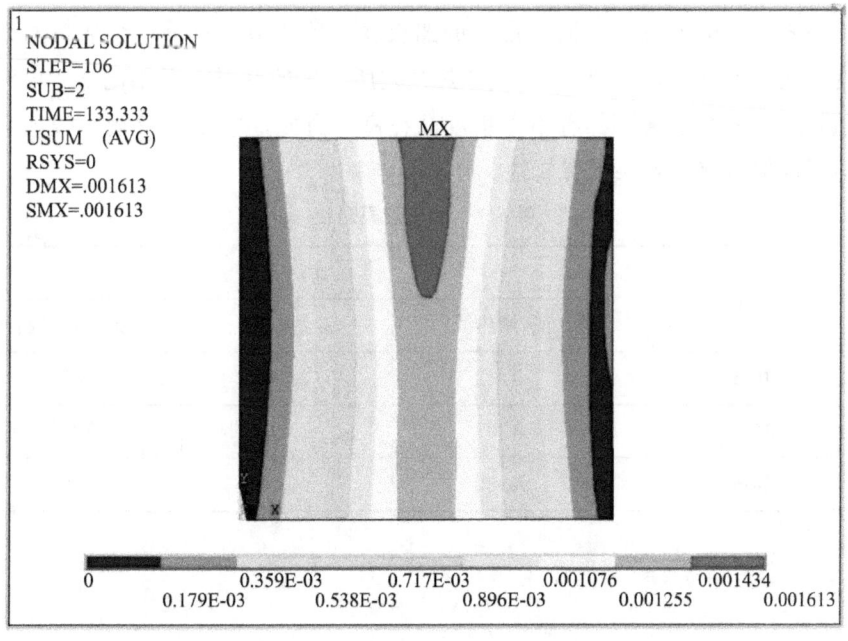

图 6.12 "单"线加热的残余形变

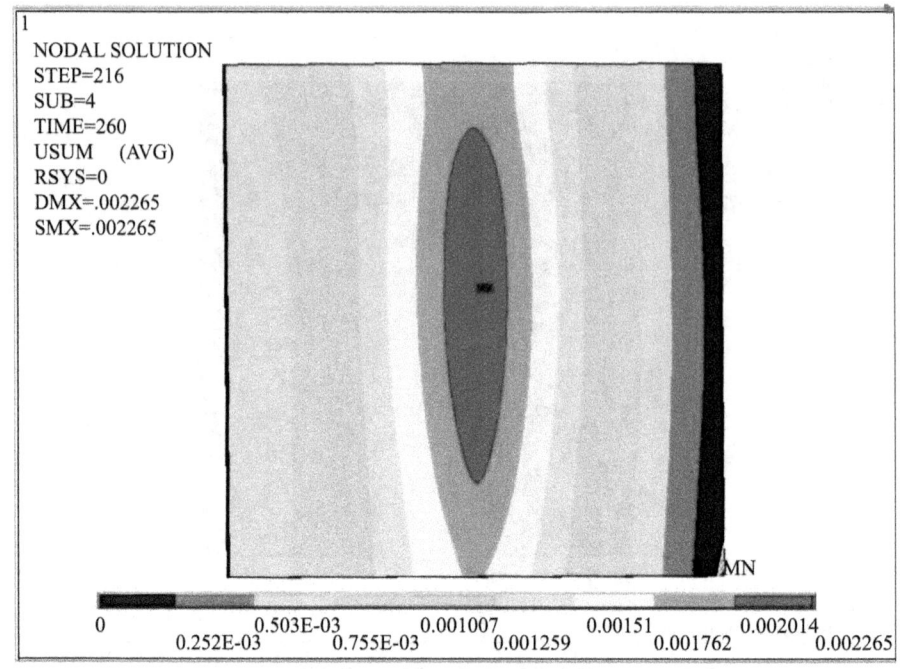

图 6.13 "双重"线加热残余形变

表 6.1 给出了三种不同厚度下的船板在"单"和"双重"线加热的残余形变对比，不难发现，"双重"线加热模式所产生的变形效果相比于"单"线加热模式在三个厚度下都有不同程度的提高，由此证明了"双重"线加热模式对提高船板变形效果的有效性。

表 6.1　数值结果对比

厚度	加热方式		
	单加热线	双重加热	变形量提高
10mm	1.42	2.08	46％
12mm	1.07	1.26	18％
14mm	0.82	0.89	9％

第七章 "梯形" 线加热方式初探

　　船体外板曲面热成形加工方法是目前国内外主流的船体外板加工方式，通过对钢板的加热和冷却来实现船板的变形，达到符合工艺设计要求的曲面形状。梯形加热是一种新型的加工方式，是线加热成形的衍生形式，本质上属于船体外板曲面成形加工方式中的收边加热，是收边加热工艺当中靠近板边有效加热面积最大的一种成形方式，尤其适合加工帆形船体外板。国外对此新型加工工艺的研究起步比较早，而国内研究机构对梯形加热研究却鲜有相关报道，基于此，本章应用有限元分析软件和实验相结合的方式来研究梯形加热的变形机理。

　　船体双曲度外板主要分为帆形船体外板和鞍形船体外板，帆形板的加工是指在船板已经加工出来的一个方向曲率（通常所指的是主曲率，第一次曲面成形的加工应用较多的是利用辊弯机弯出一个方向的曲率）的基础上，在边缘处布置加热线，即我们通常说的收边加热，通过线加热成形工艺加工出另一方向的曲率。

　　利用板的展开方法，将设计成形的帆形板展开，在板边就会产生一系列的三角形 "裂缝"，根据前文所述，只有在加热钢板的时候产生这么大的收缩量才能产生最终符合目标形状的变形。基于板的展开计算得到靠近上下板边板内应力分布[83]，再将上下两侧的板内应力平均化成相同的上下两侧应力分布，如图 7.1 所示，这样就可以把梯形加热区域 "覆盖" 在这些应力分布区域，确定合适的加热区域，通过控制加热区域的形状和加热参数，就可以实现帆形板的成形。梯形加热变形的机理如图 7.2 所示。

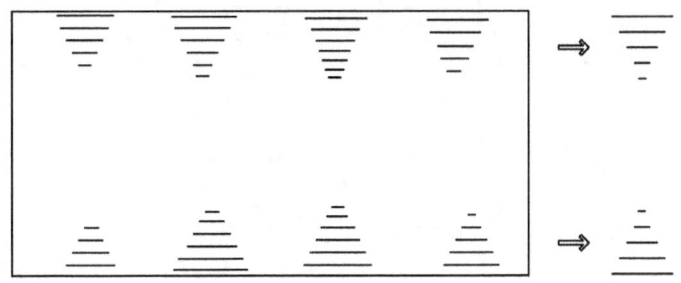

图 7.1　计算出的板内应变分布

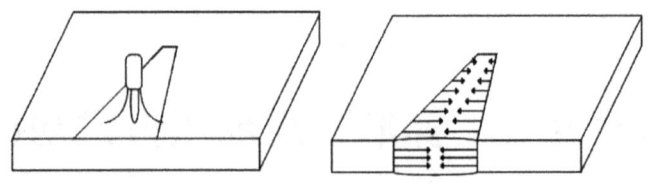

图 7.2 梯形加热变形机理

本章首先采用数值模拟方法研究梯形加热方法的变形机理，基于 ANSYS 有限元仿真软件，在单加热线和"双重"加热线[84]研究的基础上，通过编写梯形加热单元的 ANSYS 命令流，对梯形加热工艺进行仿真计算，得出一系列温度场和变形场的计算结果，对梯形加热的温度场和变形场进行分析研究。然后利用实验来验证限元模型的可靠性，并对计算结果和实验结果进行验证对比，为预测梯形加热的变形建立一种可靠的仿真模型。

7.1 梯形加热的热-结构有限元模型

7.1.1 梯形加热仿真条件

梯形加热顶部的加热线靠近板的主曲率中性轴，帆形板加热线布置一般较稀疏，板上各加热区域可以认为它们的变形是相互独立的，本书选择梯形单元作为研究对象。针对 1000mm×1000mm 的板，梯形区域的高度一般在 300mm 以下，加热区域的布置按照板内应变分布定义，如图 7.3 所示，设梯形区域顶端应变为 ε_1，底部应变为 ε_2，就可以利用相似性原理确定出梯形区域，然后在梯形区域里合理布置加热线。

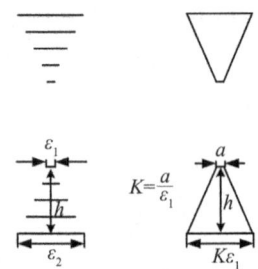

图 7.3 梯形单元内应力分布

　　本章对船体外板曲面成形梯形加热研究使用的钢板为小试板，模拟试验的钢板的板长、板宽和板厚分别为：300mm×300mm×10mm。模拟试验船板的材料为船用低碳钢，其材料属性见表2.1。

　　本章采用高斯热源有限元模型来模拟船体外板曲面成形的火焰加热，依据实际船体外板曲面成形加工工艺的条件，加热时加热表面的最高温度控制在700～800℃。船体外板曲面成形梯形加热工艺从效果上来讲是一种面加热，梯形有效加热区域如图7.4所示，梯形加热区域加热线的布置如图7.5所示，靠近主曲率中性轴的梯形区域顶端加热线距离板的中心在200mm以上，这里设其加热线长度为80mm，梯形区域的高度设为220mm，合理确定各个加热线长度。各个加热线的长度布置自上而下分别是80mm、100mm、120mm、140mm和160mm，共5条加热线，各条加热线的间隔长度取火焰的热源半径，这里统一选加热线的间距为40mm，各个加热线的加热顺序采用自上而下的加热方式。

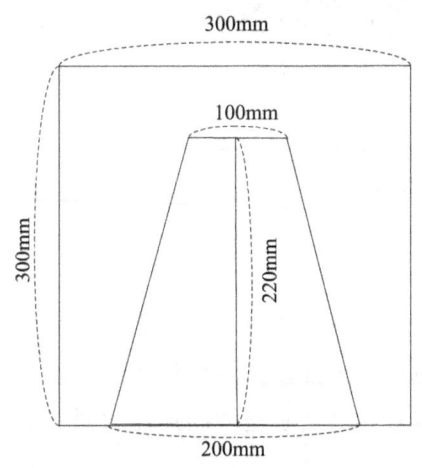

图7.4　梯形加热区域分布

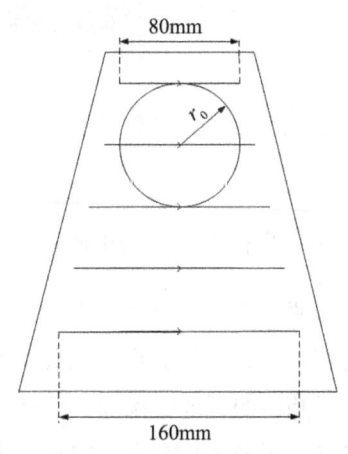

图7.5　梯形加热加热线布置

7.1.2　梯形加热有限元网格划分

　　梯形加热区域加热过程中由于钢板上表面的温度上升比较快，而加热区域周边的过渡区的温度上升相对较慢，远离加热区钢板的温度基本都没有变化，故本章中几何模型的网格仍采用不均匀划分，和第二章中的网格划分方式相同，加热区厚度方向上网格划分一般满足3～5段即可。具体的网格划分如图7.6所示。在选用单元类型时，和第二章中选用的单元类型是相同的，当进行应力应变结构分析时，ANSYS 自动将热单元转化成它们对应等效的结构单元，转化后的结构单元节点分布并没有改变。

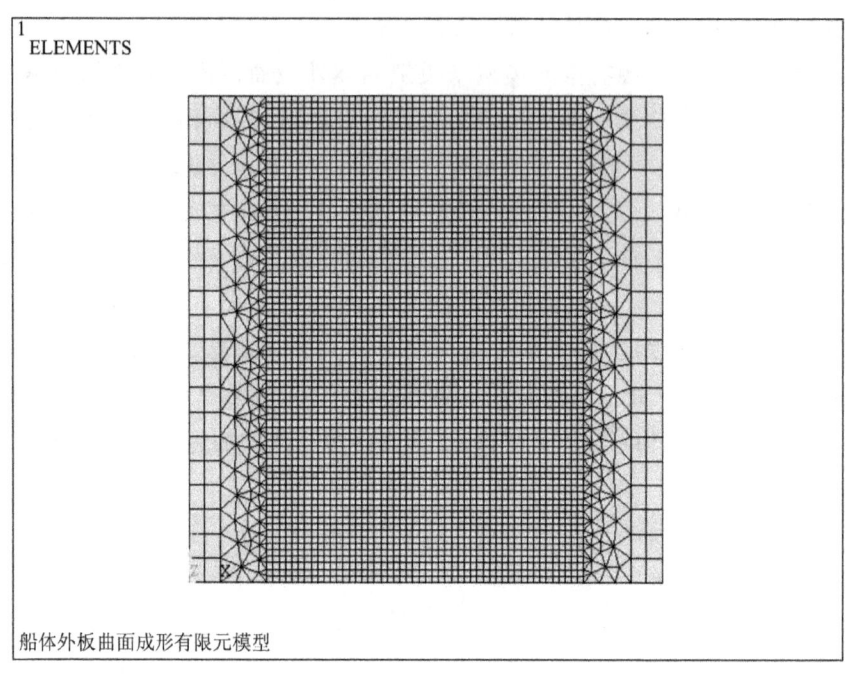

船体外板曲面成形有限元模型

图 7.6　有限元网格划分

7.1.3　梯形加热有限元模拟过程

按照图 7.5 所示钢板上加热线的布置，梯形加热采取自上而下的加热顺序进行加热，即从加热线长度最短的加热线开始加热。每条加热线的加热方向都是相同的，即每条加热线采取从左至右或是从右至左的加热方向（本章的仿真计算采用从左至右的加热方向）。

自上至下加热线编号依次为 1～5，具体的模拟加热的计算参数如表 7.1 所示。

表 7.1　梯形加热参数

加工参数	加热线				
	1	2	3	4	5
$Q_{C_2H_2}$（L/h）	1380	1000	850	850	850
v_{HL}（mm/s）	4	4	4	4	4

7.2 梯形加热温度场和变形场分析

7.2.1 温度场分析

依 7.1 节所述，建立如图 7.4 所示的有限元模型。建立高斯热源模型并将此高斯热源载荷施加在有限元模型上，并求解它的温度场，可得此算例在给定的加工参数下温度场的有限元解。图 7.7～图 7.10 分别为在第 1、3、5 道加热线上加热时间分别为 15s 时刻、75s 时刻、150s 时刻以及冷却过程中（本章我们采用的冷却方式为空气自然冷却）的 195s 时刻钢板上表面温度场分布云图。

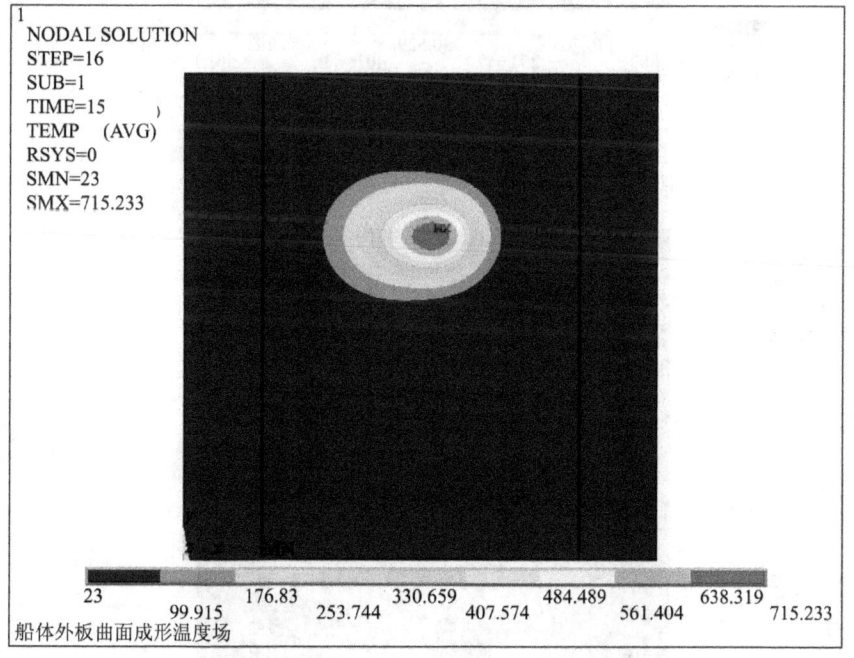

图 7.7　$t = 15s$ 钢板上表面温度场分布云图

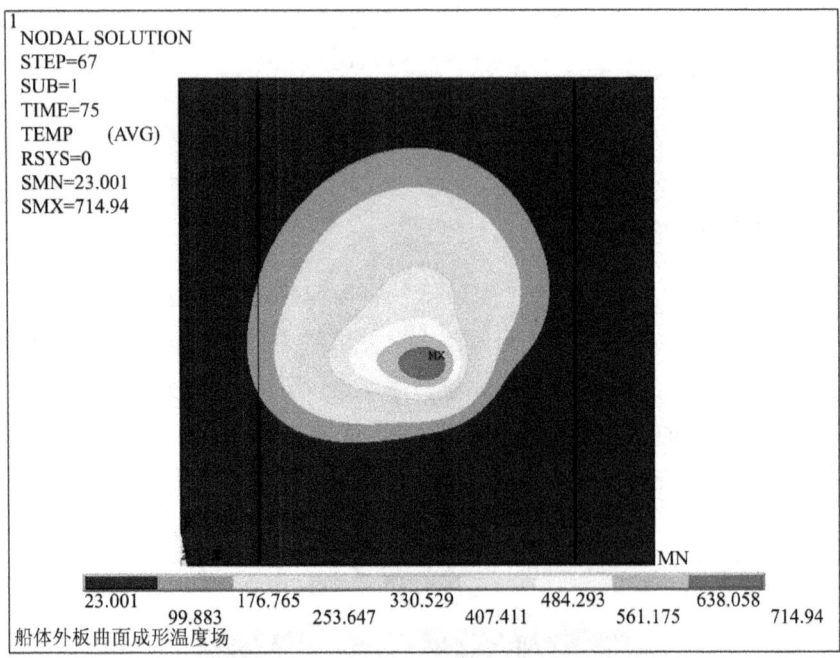

图 7.8 $t=75s$ 钢板上表面温度场分布云图

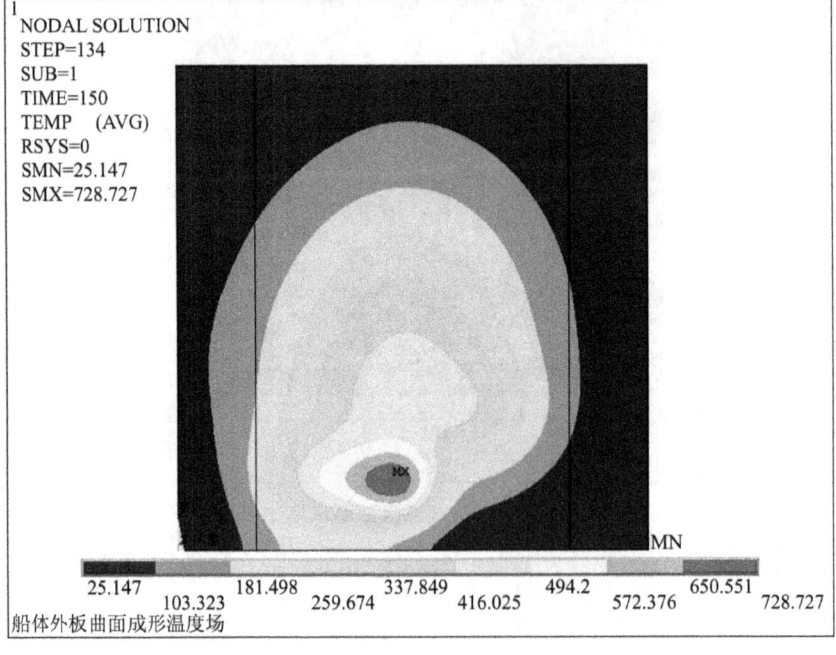

图 7.9 $t=150s$ 钢板上表面温度场分布云图

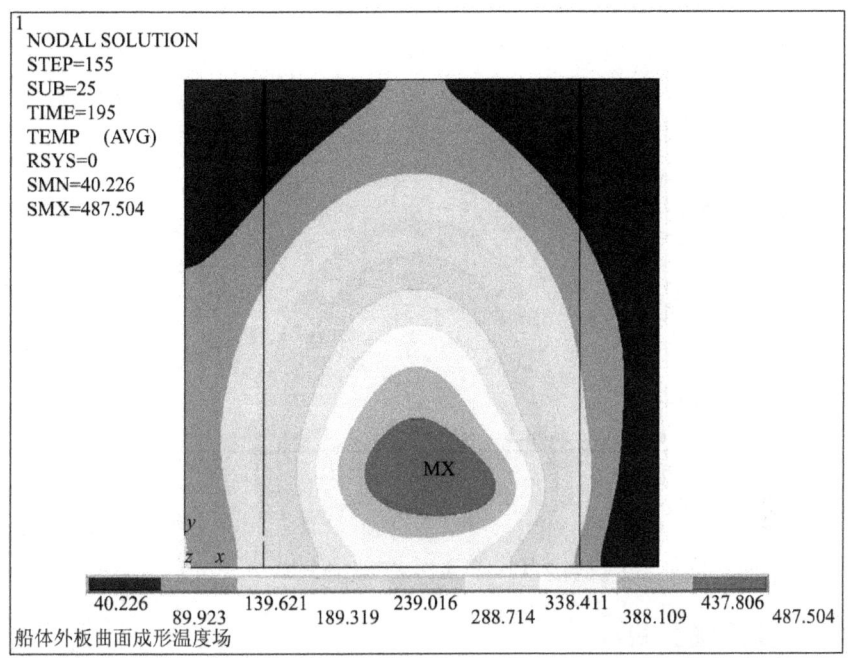

图 7.10 $t=195s$ 钢板上表面温度场分布云图

　　在每道加热线的中点处各选择一个节点作为有限元温度场分析的节点，分别标记为 A、B、C、D 和 E 共 5 个节点，各个标记点在钢板加热线上的位置分布如图 7.11 所示。通过导出对应节点的温度场求解结果，整理分析求解后的温度场计算数据，绘制出各个标记点的温度值随时间变化的曲线图，如图 7.12 所示。

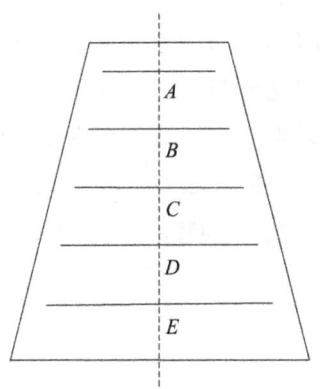

图 7.11 选取的标记点位置分布图

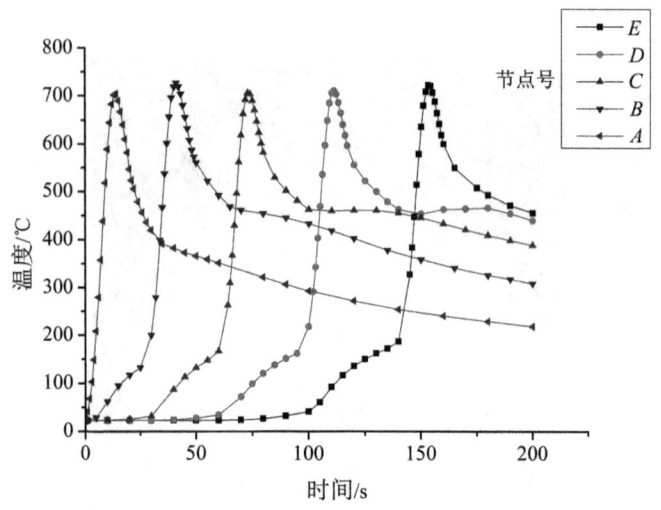

图 7.12　节点温度变化曲线图

7.2.2　变形场分析

　　本书的有限元热-结构耦合都是采用的顺序耦合，和第三章有限元计算方式相同，即先进行温度场的计算求解，得出温度场的计算结果后，将得出的温度场分析结果作为变形场结构分析的热载荷作为输入进行结构分析并求解，得出变形场的求解结果。与温度场求解计算相类似，设置好各个分析参数后，根据温度场分析时的时间步长合理确定结构分析的时间步长（一般都是大于或者是等于温度场求解时的时间步长，本章选取的时间步长是和温度场求解的时间步长相等），定义好各个板边的约束之后，依次计算所有载荷步。

　　按照上述方法建立有限元变形场结构分析计算模型并求解，计算完毕可得变形场有限元结果。可以得到钢板最终残余变形量以及钢板加热区域的残余应力与应变，并能够查看钢板最终变形效果云图。图 7.13 所示为板的最终变形位移量云图，图 7.14 所示为加热后板的上表面应变分布云图。

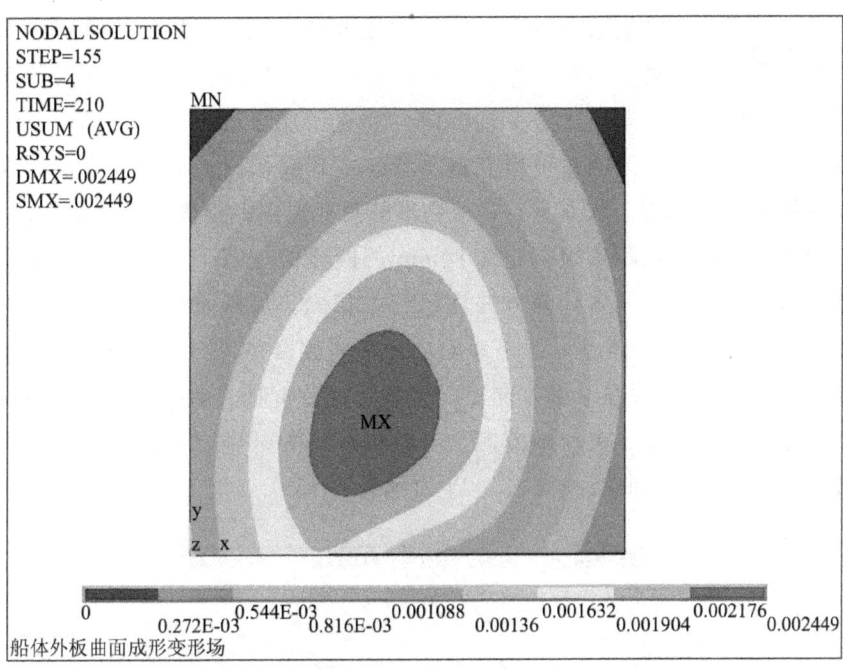

船体外板曲面成形变形场

图 7.13 钢板热-结构分析求解后位移量云图

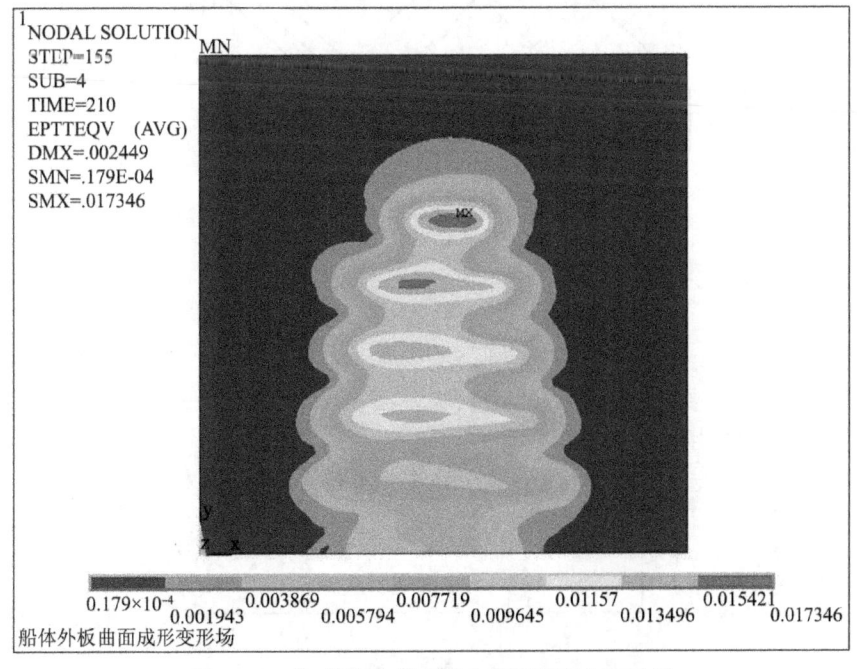

船体外板曲面成形变形场

图 7.14 热-结构分析求解上表面应变分布云图

　　由于各个板边约束条件方式不同，并且由有限元变形场结构分析计算的结果可以看出，在建立的有限元模型中，变形的结果是：沿 x 轴方向的横向收缩量（加热线的方向）比沿 y 轴方向（垂直于加热线方向）的纵向收缩量大很多，纵向收缩变形的量可以忽略不计。本章我们讨论的钢板变形的收缩量指的是沿 x 轴的横向收缩量，钢板变形的角变形也即指横向的角变形。

　　沿着 y 轴方向在距离板中心线 80mm 的两侧标记若干个点用以计算表面收缩量和角变形量，具体计算方法和第三章相同。加热表面标记点在钢板上的位置示意图如图 7.15 所示，下表面也有相同数目并且与上表面相对应的标记点。图 7.16 所示为在 y 轴方向上，加热区域沿 x 轴方向的收缩量的仿真计算和实验对比曲线图；在 y 轴方向上，加热区域沿 x 轴方向的横向角变形的仿真计算和实验对比曲线图如图 7.17 所示。

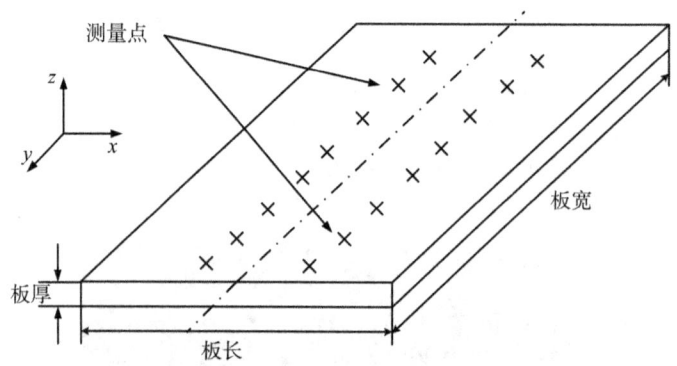

图 7.15　钢板测量点分布示意图

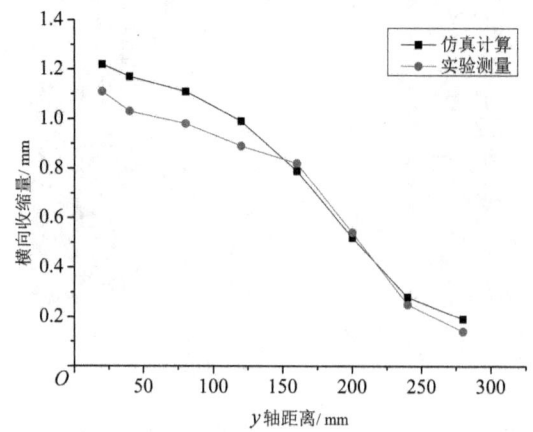

图 7.16　沿 y 轴方向横向收缩线变形曲线图

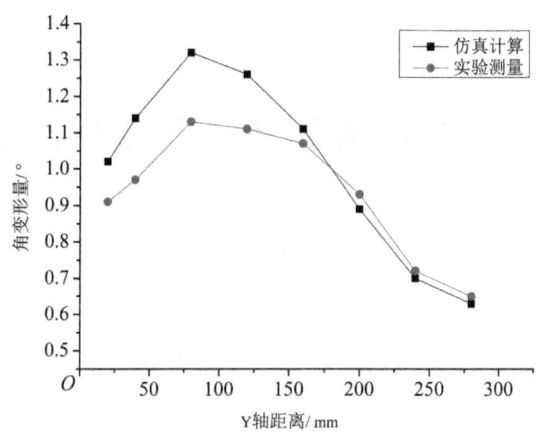

图 7.17 沿 y 轴方向横向角变形曲线图

由图 7.16 可以得出两条曲线均是呈下降的趋势，这是因为越靠近上板边的位置，钢板的线变形收缩量越小，靠近钢板的上板边位置，加热线的长度最短，受热的面积也最小，进而有效的加热区域也最小，钢板加热区域的收缩量也就最小。同样，在靠近下板边的位置，加热面积最大，钢板的收缩量是最大的。故从钢板下板边位置到钢板上板边位置的收缩量是呈递减的趋势。从图 7.17 可以看出，钢板的横向角变形的计算值和实验测量值大小均是呈先增大后减小的趋势，和图 7.13 所示钢板的位移量云图结果一致，这是因为靠近钢板下板边位置，有效加热区域较小，收缩量也就相对较小，从钢板下板边开始向上，有效加热面积开始变大，钢板加热区域的收缩量也就变大，依据式（3.4）角变形和钢板收缩量的关系式可知，钢板的横向角变形开始有增大的趋势；随着越来越靠近上板边，加热线长度变短，加热的面积变小，线变形量变小，角变形又会变小，故而角变形又有下降的趋势。

由图 7.15 和图 7.16 可知，实验测得梯形加热变形的结果和计算的模拟结果相吻合，平均偏差分别为 11% 和 14%，对于这种复杂的多条加热线耦合加热，这样的误差是可以接受的，因此，梯形加热有限元模型是可靠的。此有限元模型为预测梯形加热工艺产生的最终变形提供了依据，同时也为船体外板曲面成形变形机理的研究做了补充。

第八章 基于机械臂的复杂曲线加热初探

8.1 船体外板曲面成形机械臂瓶颈及解决方法

针对不同的目标板型，所需加热线的位置和数量也各不相同。当目标板型相对比较复杂时，船体外板曲面成形过程中所需要的加热线数量也必然增加。尤其是一些不规则的曲面板型，局部或者整体曲率很大，此时若想达到相应的加工需求，则加热线的布置往往会变得更加复杂。而为了保证钢板材质不受损坏，避免在一块钢板上加热次数过多，就要尽量使单条加热线的热输入量更大，这也使得加工任务更加困难[85]。这里以 2005 年由上海交通大学和广船国际共同研发制作的一台船体外板曲面成形原理机为例，如图 8.1 所示。

图 8.1 数控船体外板曲面成形机

在此船体外板曲面成形设备执行加热工作的过程中，由于受到设备自身机械结构和电气控制的设计限制，该设备只能实现按照给定轨迹做简单的直线加热，而这样的直线加热所产生的热输入量往往不足，从而导致最后钢板的成形效果也很不理想。尤其是在面对大曲度板材进行加工时，每一次加工钢板所得到的变形十分有限，因此往往需要多次返工，而每次返工都要做测量、调整划线、移动钢板一整套流程，大大降低了工作效率。因此，如何在不损伤板材质量的前提下，提升单次加热的热输入量是实现船体外板曲面成形工艺自动化的一个关键点。

通过船厂的实际调研发现，在人工进行船体外板曲面成形加工的过程中，工人师傅一般不会采用单次直线加热的轨迹对钢板进行加热。由于加热枪头的直径有限，工人师傅为了增大热量的输入、减少返工，普遍采用了螺旋式前进的加热方法。螺旋式前进的加热轨迹在增加加热线宽度的同时大大增加了热输入量，因此在保证板材的材质不受损坏的前提下，板材单次加工的变形效果有了明显增强。

参考工人进行船体外板曲面成形加工的实际经验，本书考虑将螺旋式的加热方式应用到船体外板曲面成形机械臂中。这里本书给出一种螺旋式加热轨迹，如图 8.2 所示。

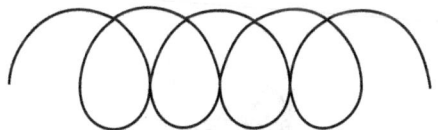

图 8.2　螺旋轨迹示意图

对于此螺旋形轨迹，其主要由多段圆弧组成。其路径可由多段半圆路径拼接而成。针对这样的轨迹其路径可由下列方程表示：

$$\begin{cases} x_n = R \cdot n - R \cdot \cos\theta, y = R \cdot \sin\theta, \\ ((n-1)R \leqslant x \leqslant (n+1)R, 0 \leqslant y \leqslant R) \\ x_n = (n-1) \cdot 2R + \frac{1}{4}R + \frac{1}{4}R \cdot \cos\theta, y = -\frac{1}{2}\sin\theta, \\ ((n-1) \cdot 2R \leqslant x \leqslant (2n-1)R, -\frac{1}{2}R \leqslant y \leqslant 0) \end{cases} \quad (8.1)$$

8.2　螺旋式轨迹加热效果 ANSYS 仿真验证

　　有限元模型建立完毕后，分别加载简单直线的热源和复杂螺旋轨迹的热源，观察实际加热效果。由于 ANSYS 机制限制，这里的螺旋线为两次回旋的螺旋线。其中，直线轨迹加热过程温度场分布变化如图 8.3 所示；螺旋轨迹加热过程温度场分布变化如图 8.4 所示。

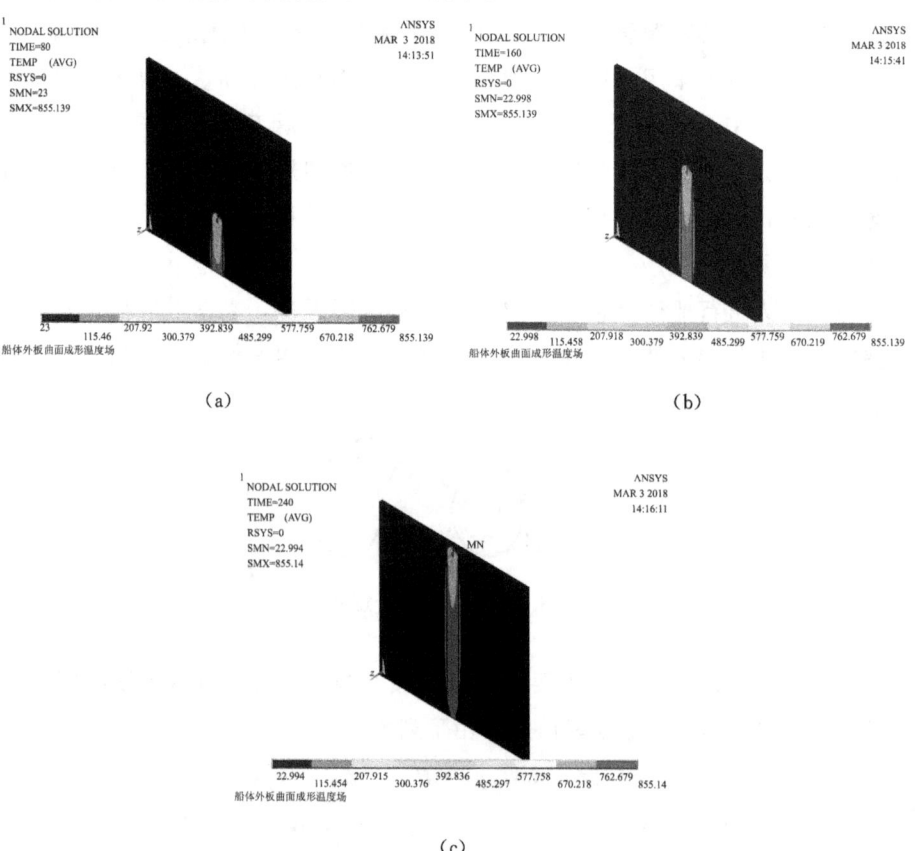

（a）　　　　　　　　　　　　　　　　　（b）

（c）

图 8.3　直线轨迹加热温度场分布

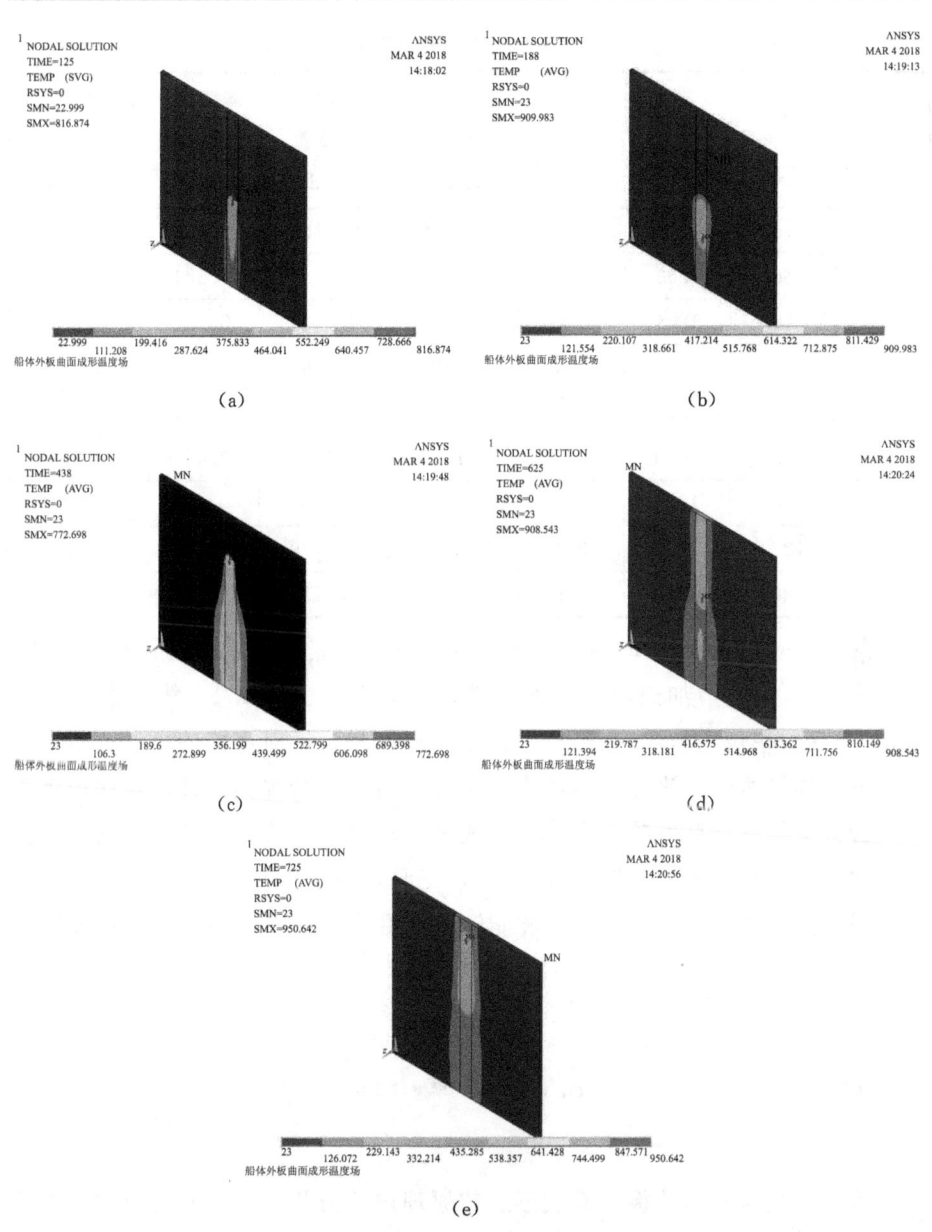

图 8.4　螺旋轨迹热源表面温度场分布

温度场计算完成后，基于温度场的计算结果接着进行变形场计算。通过变形场计算得到的数据，便可以得出钢板的线变形和角变形情况。本书分别对 16mm、18mm、20mm 的不同厚度钢板做了多组重复试验后给出板材变形效果，如表 8.1 所示。

表 8.1　加热变形效果

实验序号	h (mm)	$Q_{C_2H_2}$ (L/h)	v_{HL} (mm/s)	直线加热线变量 (mm)	直线加热角变量 (rad)	螺旋加热线变量 (mm)	螺旋加热角变量 (rad)
1	16	1216	2.28	0.2064	0.0258	0.7224	0.0901
2	16	1550	3.26	0.1491	0.0186	0.5248	0.0655
3	16	1844	4.43	0.1155	0.0144	0.4112	0.0514
4	18	1088	2.08	0.1692	0.0188	0.5770	0.0640
5	18	1324	2.56	0.1436	0.0160	0.4940	0.0548
6	18	1480	2.84	0.1357	0.0151	0.4614	0.0512
7	20	1302	2.5	0.1275	0.0132	0.4201	0.0420
8	20	1654	3.4	0.1202	0.0129	0.3999	0.0410
9	20	1800	4.0	0.1181	0.0127	0.3987	0.0408

其中，h 为实验钢板的厚度，单位为 mm；$Q_{C_2H_2}$ 为加热时的乙炔气流量，单位为 L/h；v_{HL} 为加热时的热源加热速度，单位为 mm/s；线变量单位为 mm，角变量单位为 rad。由表中的数据可以发现，针对不同的板厚，不同的气流量和加热速度，螺旋式加热轨迹相对于简单直线加热轨迹，均能使钢板的变形效果得到显著提升。经计算发现采用螺旋式加热轨迹的加热效果相当于简单直线加热轨迹加热效果的 322%，变形效果提升明显。显然，相较于简单直线加热轨迹，螺旋式加热轨迹能够输入更多的热量并得到更好的变形效果。

8.3　本章小结

本章首先对船体外板曲面成形工艺原理进行分析，并针对现有的一些原理采用直线加热模式无法满足加热输入量需求的问题，结合了船体外板曲面成形加工中的经验，提出了一种螺旋式的加热轨迹并给出该螺旋轨迹的方程，并通过 ANSYS 软件验证了螺旋轨迹相对于直线轨迹确实能够达到更好的加热效果，为船体外板曲面成形自动化的实现打下基础。

第九章　船体外板曲面成形机械臂轨迹规划及阻抗控制研究

第八章提出的一种螺旋式加热轨迹，可以实现大幅度提高热源热量的输入。若要在船体外板曲面成形自动化设备上实现这种螺旋式加热轨迹，自动化设备的主体需要六自由度工业机械臂，因此本章对六自由度工业机械臂的螺旋式轨迹规划问题进行研究。首先对常用的机械臂的轨迹规划算法进行研究，并结合前面章节建立的机械臂模型建立机械臂仿真系统，并对第八章中给出的螺旋式连续轨迹进行仿真研究，考查最终的实现效果。然后针对船体外板曲面成形加热中可能出现的由于钢板变形或其他意外情况造成的机械臂和钢板间的碰撞运用阻抗控制进行解决并进行仿真实验。

9.1　机械臂的轨迹规划分析

9.1.1　轨迹规划概述

机械臂的轨迹规划是在机械臂运动学和动力学的基础上，讨论在关节空间和笛卡儿空间中机械臂运动的轨迹规划和轨迹生成方法。机械臂位姿在时间上的函数关系称之为轨迹。轨迹规划的目标是找出一条和环境没有冲突的路径。根据机械臂的动力学方程和驱动单元的约束条件，可以找到机械臂沿路径的位置和姿态的时间经验。它可以依据任务的需求分为 PTP（point-to-point motion，点对点运动）和 CP（continuous-path motion，连续轨迹运动）。其中，点对点运动需要描述机械臂运动的起始点和终点，主要用于抓取和放置工作[86]；而连续轨迹运动不仅需要提供了起始点和终止点，而且还需要给出一些沿着路径的中间点，这种操作常用于弧焊加工等需要固定加工轨迹的加工中。

在关节空间和笛卡儿空间中都可以对机械臂的轨迹进行轨迹规划[87]。但关节空间中和在笛卡儿空间中的轨迹规划侧重点是不一样的。使用关节空间轨迹规划的好处在于，可以在运动时直接规划带有受控关节变量的轨迹，便于实时控制；其缺点是很难确定每个连杆和末端执行器的位置。而能够准确确定每个连杆和末端执行器位置恰恰是笛卡儿空间轨迹规划的优点之一，但它也存在不能用于直角坐标测量终端掌握传感器支架位置的问题，因此该算法是基于在此基础上联合协调要求直角坐标和关节之间的实时变化，一般通过求解雅可比逆矩阵来实现空间转换，这里的计算量相当大，往往会耗费很长时间，造成较长的时间间隔。另一个问题是笛卡儿坐标系中的路径点不会改变到关节坐标之中。

要实现船体外板曲面成形机械臂轨迹的最优规划，就必须结合船体外板曲面成形工艺的实际加工要求，对给定的目标曲板加工方案进行分析，完成机械臂的轨迹规划，使机械臂由起始状态运动到期望目标状态。这里需要注意的是，使用船体外板曲面成形机械臂时一般不需要做路径规划方面的工作，而只关心机械臂的轨迹规划。机械臂的轨迹规划可分为两种：一是关节空间的轨迹规划算法；二是笛卡儿空间的轨迹规划算法。

9.1.2　关节空间轨迹规划

在关节空间中进行轨迹规划的原理是把关节变量表示为时间函数，并计算该时间函数的一、二阶导数。采用关节空间轨迹规划的好处在于可以直接使用运动变量，从而能够最大限度地进行实时规划，而且采用关节空间轨迹规划一般不会产生奇异位置，减少了很多麻烦。凭借着这些优点，关节空间插补法得到了普遍的使用。

目前，五次多项式插值法和三次多项式插值法是关节空间轨迹规划中最常用的方法。当轨迹规划中针对实时性及计算速度要求很高时，大多会采用低次多项式插值方法进行轨迹规划。虽然低阶多项式插值方法也能得到较为光滑的轨迹曲线，但一旦轨迹发生急剧变化，其近似的效果是并非常不理想的。与此相对的，高阶多项式插值可以在保证轨迹平滑的同时，能够较好地处理轨迹的剧烈变化。然而，由于高次多项式的计算相对烦琐，高次多项式插值方法往往需要花费较长的时间。

由控制点和样条构造光滑平顺的曲线的样条插值是一种基于多项式函数

的插值方法。由于该样条插值具有结构简单、曲线拟合精度高的优点，已经成为许多领域常用的曲线表示方法。样条曲线不但解决了多项式插值存在的波动问题，还同时满足轨迹的连续性需求。因此，样条曲线可以通过样条插值来拟合轨迹，而 B 样条曲线拟合方法就是样条曲线表示方法的典型代表[88~89]。

B 样条曲线是一种用 n 次 B 样条基函数 $F_{k,n}(u)$ 替代 Bernstein 基函数。B 样条曲线的数学表达式为

$$\theta_{i,n}(u) = \sum_{k=0}^{n} V_{i+k} \cdot F_{k,n}(u) \tag{9.1}$$

其中：$0 \leqslant u \leqslant 1$；$k=0,1,2,\cdots,n$；$i=0,1,2,\cdots,m$，$m$ 为需要模拟的空间点的个数。如果给定 $m+n+1$ 个顶点 $V_i(i=0,1,2,\cdots,m+n)$，则可以定义 $m+1$ 段 n 次的参数曲线。$F_{k,n}(u)$ 表达式为

$$F_{k,n}(u) = \frac{1}{n!} \sum_{j=0}^{n-k} (-1)^j \cdot C_{n+1}^j \cdot (u+n-k-j)^n \tag{9.2}$$

设 P_i 为空间点，V_i 为控制点，则 B 样条曲线可表示为

$$\theta_i(u) = \frac{1}{6} (u^3 \, u^2 \, u^1) \begin{pmatrix} -1 & 3 & -3 & 1 \\ 3 & -6 & 3 & 0 \\ -3 & 0 & 3 & 0 \\ 1 & 4 & 1 & 0 \end{pmatrix} \begin{bmatrix} V_{i-1} \\ V_i \\ V_{i+1} \\ V_{i+2} \end{bmatrix} \tag{9.3}$$

其中：$i=0,1,2,\cdots,m-1$，m 为需要拟合的空间点 P_i 的个数。控制点可以由已知空间点来确定，而已知空间点就是逆运动学求得的关节角度。

由 B 样条曲线的构造过程可以看出，相邻两条样条曲线是相连的，也就意味着两者之间存在重合点，该点即为已知型值点，可表示为

$$\theta_{i-1}(1) = \theta_i(0) = P_i, i = 0,1,2,\cdots,m-1 \tag{9.4}$$

$$P_i = \frac{1}{6} (V_{i-1} + 4V_i + V_{i+1}) \tag{9.5}$$

假设 $V_1 = V_0$，$V_{m+1} = V_m$，则型值点和控制点的矩阵关系式可以写为

$$\begin{bmatrix} 6 & -6 & & & & & & \\ 1 & 4 & 1 & & & & & \\ & 1 & 4 & 1 & & & & \\ \cdots & \cdots & \cdots & \cdots & \cdots & \cdots & \cdots & \cdots \\ & & & & & 1 & 4 & 1 \\ & & & & & & 6 & -6 \end{bmatrix} \begin{bmatrix} V_0 \\ V_1 \\ V_2 \\ \vdots \\ V_m \\ V_{m+1} \end{bmatrix} = 6 \begin{bmatrix} 0 \\ P_1 \\ P_2 \\ \vdots \\ P_m \\ 0 \end{bmatrix} \tag{9.6}$$

$m+2$ 个方程可以唯一的确定 $m+2$ 个控制点 V_0，V_1，…，V_m，V_{m+1}，再根据 B 样条曲线定义就可以求得各段曲线的表达式。并以此得到光顺曲线，且能很好地逼近期望轨迹。

9.1.3　笛卡儿轨迹规划

机械臂末端相对于基座坐标的位姿被称之为轨迹点，而机械臂末端的轨迹就是由一连串的轨迹点组成。机械臂末端在轨迹点之间的运动具有多种可能性，在考虑一些有明确需求的任务或者要考虑避免碰撞的问题时，末端轨迹还必须满足一系列的约束条件。因此，此时就要选用插补的方式对机械臂的末端轨迹进行轨迹规划。

笛卡儿空间中的轨迹规划方法主要包括直线插补、圆弧插补和曲线等距插补等方法[90]。笛卡儿空间的轨迹规划首先要对已知节点用位姿矩阵进行描述，然后再选择使用相应的插补方式，然后计算出笛卡儿空间的轨迹，并对其进行求运动学逆解，便可以求出关节位置。

直线插补的已知条件是轨迹起点和轨迹终点的位姿，此时需要求解位于轨迹中间点的位姿。机械臂末端在整个直线运动的过程中姿态一直保持着相对稳定，因此不需要进行插补。若直线轨迹的起点为 $P_0(x_0,y_0,z_0)$，终点为 $P_1(x_1,y_1,z_1)$，运动速度为 V，则整个直线插补过程如下：

1）长度 L，$L = \sqrt{(x_1-x_0)^2+(y_1-y_0)^2+(z_1-z_0)^2}$；

2）时间间隔 T_s 内的行程，$d=VT_s$；

3）插补步数，$N=L/d+1$；

4）各轴的增量，$\Delta x = (x_1-x_0)/N$，$\Delta y=(y_1-y_0)/N$，$\Delta z=(z_1-z_0)/N$
插补点可表示为

$$x_{i+1} = x_i + \Delta x, y_{i+1} = y_i + \Delta y, z_{i+1} = z_i + \Delta z \tag{9.7}$$

圆弧插补则是根据轨迹起点的位姿和轨迹终点的位姿信息，计算出可以逼近的圆弧点进行插补。平面上任意三个不在同一条直线上点可以确定一段弧，假设机械臂末端执行器从轨迹的起始位置 P_1 到达终点 P_3 的过程中经过了不在同一条直线上的一点 P_2，那么，就一定存在从起始点 P_1 到达终点 P_3 且中间经过中间点 P_2 圆弧轨迹，空间圆弧插补示意图如图 9.1 所示。

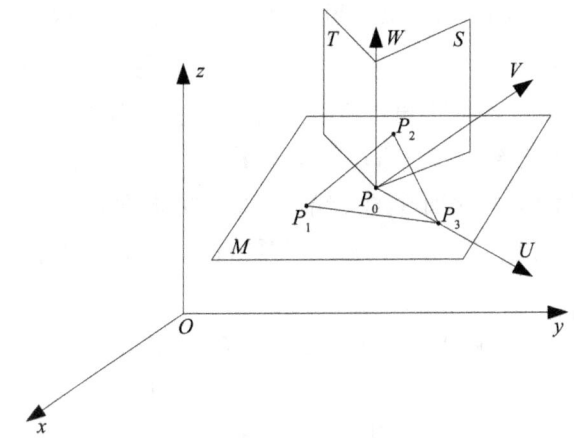

图 9.1 空间圆弧的插补示意图

圆弧插补具体实现方法如下：

①先求得圆弧的圆心 $P_0(x_0, y_0, z_0)$ 和半径 r：

$P_1(x_1, y_1, z_1)$、$P_2(x_2, y_2, z_2)$ 和 $P_3(x_3, y_3, z_3)$ 三点确定平面 M，其方程为：

$$\begin{vmatrix} x-x_3 & y-y_3 & z-z_3 \\ x_1-x_3 & y_1-y_3 & z_1-z_3 \\ x_2-x_3 & y_2-y_3 & z_2-z_3 \end{vmatrix} = 0 \tag{9.8}$$

将其展开可得：

$$\begin{aligned} &[(y_1-y_3)(z_2-z_3)-(y_2-y_3)(z_1-z_3)](x-x_3) \\ &+[(x_2-x_3)(z_1-z_3)-(x_1-x_3)(z_2-z_3)](y-y_3) \\ &+[(x_1-x_3)(y_2-y_3)-(x_2-x_3)(y_1-y_3)](z-z_3)=0 \end{aligned} \tag{9.9}$$

过 P_1P_2 的中点且与 P_1P_2 垂直的平面 T 的方程为：

$$\begin{aligned} &\left[x-\frac{1}{2}(x_1+x_2)\right](x_2-x_1)+\left[y-\frac{1}{2}(y_1+y_2)\right](y_2-y_1) \\ &+\left[z-\frac{1}{2}(z_1+z_2)\right](z_2-z_1)=0 \end{aligned} \tag{9.10}$$

过点 P_2P_3 的中点且垂直 P_2P_3 的平面 S 的方程为：

$$\begin{aligned} &\left[x-\frac{1}{2}(x_2+x_3)\right](x_3-x_2)+\left[y-\frac{1}{2}(y_2+y_3)\right](y_3-y_2) \\ &+\left[z-\frac{1}{2}(z_2+z_3)\right](z_3-z_2)=0 \end{aligned} \tag{9.11}$$

联立上式（9.9）～（9.11），求得圆心 $P_0(x_0, y_0, z_0)$。圆弧的半径为：

$$r = \sqrt{(x_0 - x_1)^2 + (y_0 - y_1)^2 + (z_0 - z_1)^2} \tag{9.12}$$

②以点 $P_0(x_0, y_0, z_0)$ 为原点建立平面的新坐标 $O_R\text{-}UVW$，U 轴为坐标系原点 P_0 与点 P_3 的连线。单位方向向量为 $\boldsymbol{u}$。

③W 轴为平面 T 与平面 S 的交线，其单位方向向量为 $\boldsymbol{w}$；由右手螺旋法则可知，V 轴一定位于 W 轴和 U 轴的叉乘方向，且单位向量可以表示为：

$$\boldsymbol{v} = \boldsymbol{w} \times \boldsymbol{u} \tag{9.13}$$

由齐次坐标变换可以求出齐次坐标矩阵 $\boldsymbol{T}_R$ 的表达式为：

$$\boldsymbol{T}_R = \begin{bmatrix} u_x & v_x & w_x & x_O \\ u_y & v_y & w_y & y_O \\ u_z & v_z & w_z & z_O \\ 0 & 0 & 0 & 1 \end{bmatrix} \tag{9.14}$$

其逆矩阵 $\boldsymbol{T}_R^{-1}$ 可以通过齐次变换矩阵进行求解逆得到：

$$\boldsymbol{R} = \begin{bmatrix} u_x & v_x & w_x \\ u_y & v_y & w_y \\ u_z & v_z & w_z \end{bmatrix} \boldsymbol{P}_O = \begin{bmatrix} x_O \\ y_O \\ z_O \end{bmatrix} \tag{9.15}$$

可以得到：

$$\boldsymbol{T}_R^{-1} = \begin{bmatrix} \boldsymbol{R}^T & -\boldsymbol{R}^T \boldsymbol{P}_O \\ 0 & 1 \end{bmatrix} \tag{9.16}$$

④然后把点 P_1、P_2、P_3 以及圆心 P_O 从原来坐标系中的值转换到新建立的坐标系 $P_O\text{-}UVW$ 中。假设原来的坐标系点 P_1、P_2、P_3 以及圆心 P_O 中的值分别是 (x_1, y_1, z_1)、(x_2, y_2, z_2)、(x_3, y_3, z_3)、(x_O, y_O, z_O)，那么在新坐标中点 P_1、P_2、P_3 的值分别为 (u_1, v_1, w_1)、(u_2, v_2, w_2) 与 (u_3, v_3, w_3)，则求解：

$$\begin{bmatrix} u_1 \\ v_1 \\ w_1 \\ 1 \end{bmatrix} = \boldsymbol{T}_R^{-1} \begin{bmatrix} x_1 \\ y_1 \\ z_1 \\ 1 \end{bmatrix} \begin{bmatrix} u_2 \\ v_2 \\ w_2 \\ 1 \end{bmatrix} = \boldsymbol{T}_R^{-1} \begin{bmatrix} x_2 \\ y_2 \\ z_2 \\ 1 \end{bmatrix} \begin{bmatrix} u_3 \\ v_3 \\ w_3 \\ 1 \end{bmatrix} = \boldsymbol{T}_R^{-1} \begin{bmatrix} x_3 \\ y_3 \\ z_3 \\ 1 \end{bmatrix} \tag{9.17}$$

由上式推到知 $u_O = v_O = w_O = w_1 = w_2 = w_3 = 0$，$u_1 = r$；

⑤求圆弧角度 θ。由于在 Matlab 中，内部函数 Math. A tan2 (x, y) 的求解范围在 $-180° \sim 180°$ 之间。则：

当 $v_3 > 0$ 时，则

$$\theta_3 = \text{Atan2}(v_3, u_3) \quad \theta = \lambda\theta_3 \begin{cases} v = r \times \sin\theta \\ u = r \times \cos\theta \\ w = 0 \end{cases} \tag{9.18}$$

⑥将得到的插补结果重新代回到原坐标中，设点 p 在原坐标系中坐标值为 (x, y, z)，则有：

$$\begin{bmatrix} x \\ y \\ z \\ 1 \end{bmatrix} = \boldsymbol{T}_R \begin{bmatrix} u \\ v \\ w \\ 1 \end{bmatrix} \tag{9.19}$$

由以上结果就能计算出圆弧上各插补点的位置，且每个插补点的三个位姿角度都由抛物线过渡的线性函数按照位移曲线计算出来。要想得到每个插补点对应的关节角，只需要对每个插补点的位姿都进行运动学的逆解就可以计算出来。

9.2　船体外板曲面成形机械臂轨迹规划仿真

9.2.1　基于任务优先级的轨迹规划

常规的机械臂控制通常是末端位置和姿态一起控制，但是对于特定的任务，有时姿态控制的优先级要大于位置控制的优先级，但有些特定的时刻位置控制的优先级又要高于姿态控制的优先级。在船体外板曲面成形机械臂的工作过程中，机械臂不但要沿预设轨迹运动更重要的是要保证加热枪头始终与钢板保持垂直姿态进行加热。因此在进行笛卡儿控制的时候，某些方向的位置控制优先级不如姿态优先级高，因此这里使用任务优先级对船体外板曲面成形机械臂的轨迹规划进行处理，在进行末端连续位置和姿态控制时候适当牺牲低优先级精度，旨在提高高优先级的精度[91~92]。

仅当主任务和次级任务发生任务奇异的时候，才会在保证主任务的正常完成下，一定程度上牺牲次级任务。当机械臂的关节运动足以同时完成末端位置和姿态的控制时，则姿态和位置的控制精度均可以得到保证。

为了简化讨论，用两个子任务来解决这个问题。这里可以把姿态控制视为第一优先级任务，而位置控制则作为次级优先级任务。显然，这个公式可以很容易地扩展到一个包含两个及两个以上的子任务的情况。第一个优先级的子任务将使用第一个任务变量 $r_1 \in \mathbf{R}^{m_1}$。第二个优先级的子任务将使用第二个任务变量 $r_2 \in \mathbf{R}^{m_2}$。关节变量 $\theta \in \mathbf{R}^n$ 和任务变量之间的运动学关系为：

$$r_i = f_i(\theta) \quad (i = 1,2) \tag{9.20}$$

其微分关系为：

$$r'_i = J_i(\theta)\theta' \quad (i = 1,2) \tag{9.21}$$

其中：$J_i(\theta) = \partial f_i / \partial \theta \in \mathbf{R}^{m_i \times n}$ 是第 i 位任务变量的雅可比矩阵。

式（9.21）的通解为：

$$\theta' = J_1^*(\theta)r'_1 + [I - J_1^*(\theta)J_1(\theta)]y \tag{9.22}$$

其中：$J_1^*(\theta) \in \mathbf{R}^{m_1 \times n}$ 是 $J_1(\theta)$ 的广义逆。在式（9.22）中，右边第二项是主任务零空间解，在零空间内的关节运动将不会引起主任务精度变化，这也是任务优先级控制策略得以实施的保证。

现在，用式（9.22）替代式（9.21）的 $i=2$，可以得到下面的方程：

$$J_2(I - J_1^*J_1)y = r'_2 - J_2J_1^*r'_1 \tag{9.23}$$

如果 y 的精确解存在于式（9.23）中，那么意味着第二个任务变量是可以确定的。然而确切的解决方案并不是普遍存在的。同样的在式（9.22）中就是：

$$y = \tilde{J}_2^*(r'_2 - J_2J_1^*r'_1) + (I - \tilde{J}_2^*\tilde{J}_2)z \tag{9.24}$$

其中：$\tilde{J}_2 = J_2(I - J_1^*J_1)$，并且 $z \in \mathbf{R}^n$ 是任意矢量。

解 θ' 是从式（9.22）和式（9.24）中得到：

$$\theta' = J_1^*r'_1 + (I - J_1^*J_1)\tilde{J}_2^*(r'_2 - J_2J_1^*r'_1) + (I - J_1^*J_1)(I - \tilde{J}_2^*\tilde{J}_2)z \tag{9.25}$$

在上述表达式中，右边第一项为主任务的最小二乘解，右边第二项是主任务零空间内的次级任务最小二乘解，右侧第三项是主任务和次级任务的零空间解。

9.2.2 仿真系统搭建

为了验证所提出的运动控制策略，本书建立了 6 自由度机械臂的数值仿真系统，以便于算法的设计和验证。

在该数值仿真系统中，主要包括基于 Matlab/Gui 的人机交互界面，使用者可以更快捷方便地进行配置和数据图像观测[93]，如图 9.2 所示。此外该仿真系统还包括了机械臂正逆运动学模型，如图9.3所示。正向运动学可以得到机械臂各个时刻的状态，逆向运动学则是机械臂实际控制算法设计部分。在该 GUI 中可以通过预先设定关节值以及笛卡儿期望位置值，经过逆向运动学和正向运动学的计算得到机械臂的实际完成情况，并且可以通过数据后处理模块完整的显示机械臂的运动情况，GUI 与 Simulink 之间的数据交换可以借用函数 "evalin（'base'，'value'）"来实现。此外，在该系统中还包括数据后处理部分，可以很方便地观测到机械臂的当前状态。最后，运用任务优先级算法实现第二章给出的螺旋式的加热轨迹，并给出各关节的位移、速度、加速度图，如图9.4所示。

图 9.2　操作界面示意图

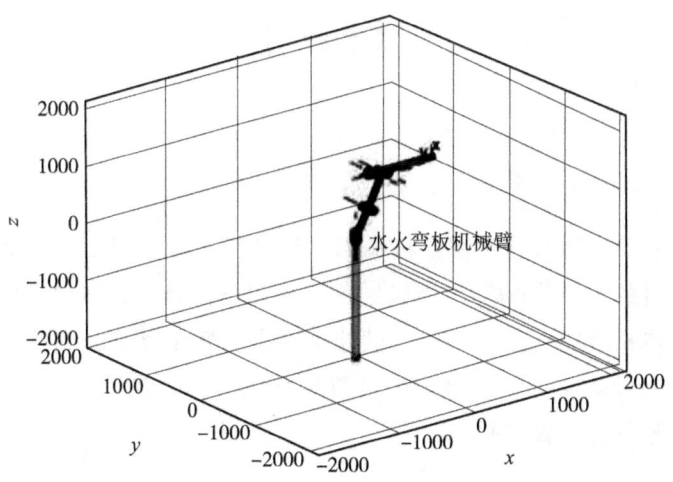

图 9.3　机械臂运动仿真图

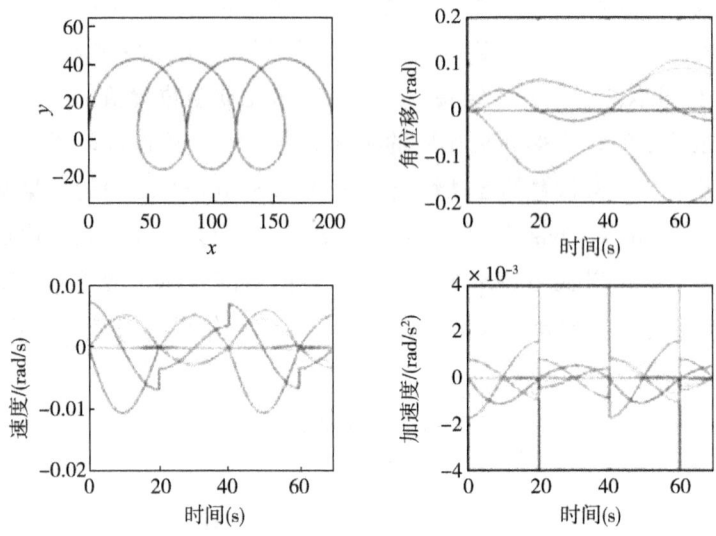

图9.4 机械臂轨迹、位移、速度、加速度示意图

由图 9.4 可以看出，机械臂很好地实现了预设的螺旋轨迹，对内部扰动也有较强的调节能力。同时，机械臂各关节的移动较稳定也能实现整个控制的快速性要求。考虑到船体外板曲面成形工艺对机械臂的控制要求，基于任务优先级的轨迹规划能够保证整个系统的可靠性和精确性。

9.3 机械臂位置控制原理和仿真

9.3.1 位置控制原理

位置控制的原理就是利用电机输出电磁转矩来平衡机械手的重力矩，从未完成机械臂的位置控制[94]。当机械臂的末端到达目标位置时，电机的转速变为零，当电机转矩被锁定时，电机处于锁定的转子状态。在不同的电枢电压下，电机的转矩不同。通过改变电枢电压的方法，实现电机转矩的控制，进而实现机械臂的位置控制。

9.3.2 关节位置控制

当机械臂的运行速度比较低时，可以将离心力、科式力和各个连杆之间的耦合力矩作用的影响都忽略掉，此时可以把机械臂看成一个解耦的线性系统，那么对机械臂系统的控制就可以简化为基于 N 个独立的关节控制。当对每一个关节都施加 PD 控制时，机械臂控制率可以用这样的公式来表示：

$$\tau_i = k_{ip}(q_{id} - q_i) + k_{id}(\dot{q}_{id} - \dot{q}_i) \tag{9.26}$$

其中：k_{ip} 为比例增益，在整个系统保持稳定的情况下，比例增益 k_{ip} 越大，整个机械臂系统的快速性和稳态精度都会变得更好，但系统的超调以及震荡次数会随着比例增益 k_{ip} 的增大而增大。k_{id} 表示微分增益，可以减小系统的超调和调节时间，如果增大微分增益 k_{id}，可以实现系统的超前控制，但整个机械臂系统的动态性能会因此变差。

相较于其他控制算法，PD 控制相对比较简单。如果对机械臂的动态性能没有很高的需求时，一般会选用渐进稳定、设计简单的 PD 控制算法。但当机械臂对于动态性能要求提高，关节运动速度加快时，独立关节的 PD 控制将无法实现针对离心力，科式力和各个连杆之间的耦合力矩的相应补偿，从而会导致轨迹跟踪产生误差。所以，这里导入非线性的前馈控制，针对每一个关节的 PD 前馈控制，其控制率可以这样表示：

$$\tau_i = k_{ip}(q_{id} - q_i) + k_{id}(\dot{q}_{id} - \dot{q}_i) + \tau_{id} \tag{9.27}$$

与 PD 控制中的定义相同，k_{ip} 为比例增益，k_{id} 表示微分增益，而 τ_{id} 则表示各个关节的期望力矩，运用空间机械臂逆运动学可以求出该值。

整个 PD 前馈控制的系统框图，如图 9.5 所示。

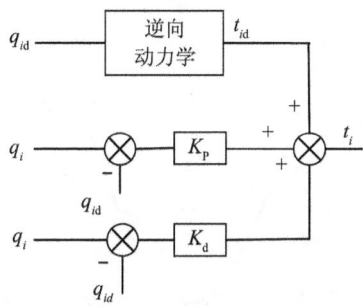

图 9.5　PD 与前馈控制系统框图

9.3.3　关节空间位置控制仿真

关节控制器可以输出实际关节的力矩，运动正向运动学可以计算出实际关节的加速度，在此基础上进行积分运算，从而获得实际关节角以及实际关节角速度，将这些数据反馈回关节控制器中，从而实现关节的闭环控制。

为了验证关节控制器在船体外板曲面成形机械臂系统中的效果，本书采用 PD 前馈控制进行仿真时间，Simulink 框图如图 9.6 所示。

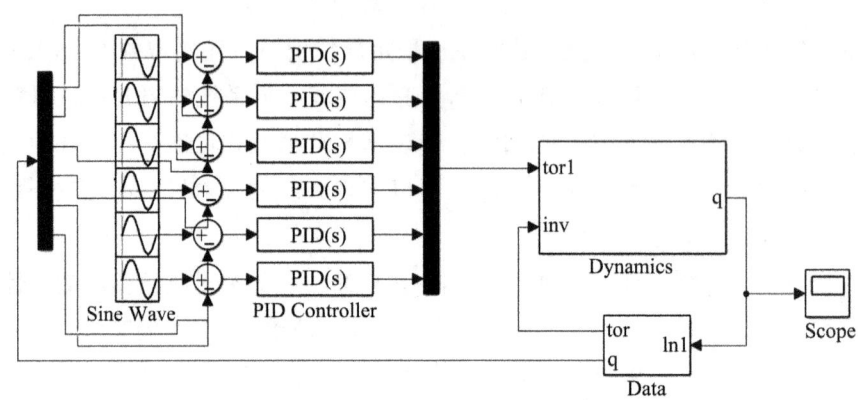

图 9.6　PD 与前馈控制系统 Simulink 框图

以第一关节为例，PD 控制的参数分别为 200 和 50。假定各个关节的运动曲线为 10sin（time）deg，则仿真得到关节的跟踪曲线如图 9.7 所示。

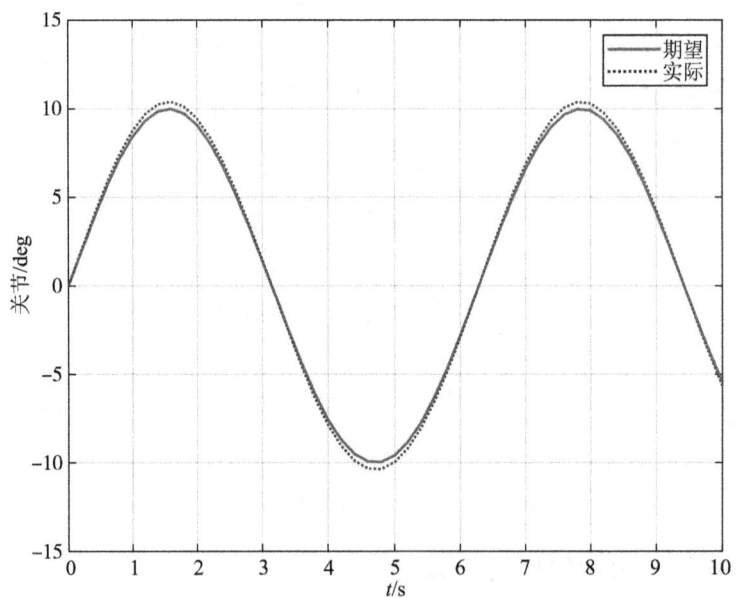

图 9.7　PD 前馈控制系统控制效果

由图 9.7 可以看出，PD 前馈控制系统控制可以较好地实现跟踪。

9.4　船体外板曲面成形机械臂阻抗控制

一般工作中，机械臂的末端执行器一般在运动过程中不会与外界物体产生接触，因此，在这些加工工作的过程中只需要对机械臂进行位置控制就可以完成全部的工作任务。但是在船体外板曲面成形加工的过程，却并非如此。在船体外板曲面成形加工的过程中，加热枪头需要经常调整上下位置以保证船板一直处在合适的加热温度，其次随着船板的不断加热和冷却，船板会不断地产生塑性变形，而机械臂仍按原定轨迹控制前进就有可能与钢板产生碰撞，因此仅使用位置控制很难实现船体外板曲面成形过程中所有的工作任务。

考虑到船体外板曲面成形机械臂控制过程中存在控制误差、机械误差、钢板本身在船体外板曲面成形工艺过程中产生的塑性变形以及一些其他可能会出现的意外情况，机械臂末端的执行机构与期望位置之间可能会出现一些误差。一旦这些意外发生时，机械臂末端的执行器就有可能与钢板出现碰撞，这样的碰撞会给关节一个反作用力，造成机械臂的损坏。为了减小这种影响，本书运用阻抗控制算法对船体外板曲面成形机械臂进行控制。

9.4.1　阻抗控制原理

典型的阻抗控制方法是当机械臂与环境发生力的相互作用时，采取切换控制策略即在自由轨迹驱动和与环境相关的时候使用两种不同的控制策略[95~96]。如果在位置控制下产生碰撞，会使控制变得不稳定，因此必须要了解接触的位置和机械臂的碰撞动力学特性，才可以准确地控制接触力。

这种能够把作用力和运动结合到一起，通过调节机械臂接触处的虚拟机械阻抗从而保持末端执行机构与环境作用力的动态关系的控制方式是阻抗控制最突出的特点。

9.4.2　阻抗控制模型

阻抗控制的具体方法就是将看作六个虚拟的质量-弹簧-阻尼模块，并且把这些模块配置到沿 x 轴、y 轴、z 轴三个方向或者是绕 x 轴、y 轴、z 轴方向上。配置完毕后，末端再次受到作用力时，作用力将被分解到 6 维子空间中，每个子空间的示意图如图 9.8 所示。每一个质量－弹簧－阻尼模块都产生运动，完成阻抗控制的规避，减小机械臂损坏的可能性[97]。

（1）理想阻抗控制模型

如图 9.8 所示，理想的阻抗控制的数学模型为[98]：

$$\boldsymbol{M}[\ddot{X}(t) - \ddot{X}_{\mathrm{d}}(t)] + \boldsymbol{B}[\dot{X}(t) - \dot{X}_{\mathrm{d}}(t)] + \boldsymbol{K}[X(t) - X_{\mathrm{d}}(t)] = \boldsymbol{E}(t)$$

$$(9.28)$$

其中：$\boldsymbol{M}$ 为阻抗模型的期望惯性矩阵，$\boldsymbol{B}$ 为期望阻尼矩阵，$\boldsymbol{K}$ 为期望弹性矩阵，且 $\boldsymbol{M}$、$\boldsymbol{B}$、$\boldsymbol{K}$ 均为半正定对角矩阵。$\boldsymbol{X}$ 为机械臂的期望位置，$\dot{\boldsymbol{X}}$ 为机械臂的期望速度，$\ddot{\boldsymbol{X}}$ 为机械臂的期望加速度。$\boldsymbol{E}$ 为机械臂实际接触力与期望接触力的差值。

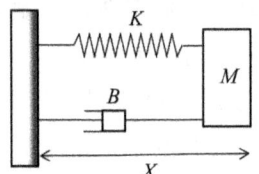

图 9.8　经典阻抗控制空间

（2）机械臂与环境接触阻抗模型

当机械臂与环境接触时，将机械臂与环境等效为弹簧阻尼系统。建立简化模型如图 9.9 所示。各个方向上均独立，用小写表示各变量。

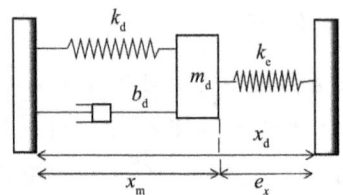

图 9.9　末端阻抗控制简化模型

其中：k_{d} 为期望弹性；b_{d} 为期望阻尼；m_{d} 为期望惯量；k_{e} 为环境弹性；x_{d} 为期望接触位置；x_{m} 为实际位置；e_{x} 为期望位置与实际位置的差值。

$$e_{x} = x_{\mathrm{d}} - x_{\mathrm{m}} \tag{9.29}$$

e 为机械臂与环境期望接触力 f_{d} 和实际接触力 f_{m} 的差值。其中：

$$e_{x} = \frac{e}{k_{\mathrm{e}}} = \frac{f_{\mathrm{d}} - f_{\mathrm{m}}}{k_{\mathrm{e}}} \tag{9.30}$$

已知阻抗控制器模型为：

$$m_{\mathrm{d}}(\ddot{x}_{\mathrm{m}} - \ddot{x}_{\mathrm{d}}) + b_{\mathrm{d}}(\dot{x}_{\mathrm{m}} - \dot{x}_{\mathrm{d}}) + k_{\mathrm{d}}(x_{\mathrm{m}} - x_{\mathrm{d}}) = e \tag{9.31}$$

若机械臂只在一个方向上移动，式（9.30）带入式（9.29）可得：

$$x_m = x_d - \frac{e}{k_e} \qquad (9.32)$$

式（9.32）带入式（9.31）中可得：

$$k_e(m_d\ddot{x}_e + b_d\dot{x}_e + k_e x_e) = m_d\ddot{f}_m + b_d\dot{f}_m + k_d f_m + k_e e \qquad (9.33)$$

接触力的偏差为 $e = f_d - f_m$，代入式（9.33）可得：

$$m_d\ddot{e} + b_d\dot{e} + (k_d - k_e)e = (m_d\ddot{f}_d + b_d\dot{f}_d + k_d f_d) - k_e(m_d\ddot{x}_e + b_d\dot{x}_e + k_e x_e)$$

$$(9.34)$$

式（9.30）带入式（9.33），可得：

$$m_d\ddot{x}_e + b_d\dot{x}_e + k_e x_e = m_d\ddot{e}_x + b_d\dot{e}_x + k_d e_x + e \qquad (9.35)$$

这里，式（9.34）为阻抗控制中机械臂与环境接触时力的偏差，式（9.35）为位置的偏差动态响应方程。

针对船体外板曲面成形任务中可能会出现的机械臂与钢板的碰撞，可以应用阻抗控制算法，使机械臂执行器末端可能与钢板接触的机构表现出一定的阻抗特性，能够根据接触时产生的力的作用进行运动，从而尽量削减碰撞造成的机械臂损耗。运用了阻抗控制的机械臂控制系统[99~100]如图 9.10 所示。

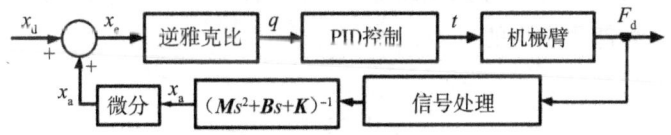

图 9.10　基于阻抗控制的机械臂控制方案

其中：$\dot{x}_d$ 为机械臂末端执行器的规划速度，$\dot{x}_a$ 为通过阻抗控制得出的所需的补偿速度，$\dot{x}_e$ 为机械臂末端执行器实际的位姿速度，$\dot{q}$ 为各个关节的期望速度，τ 为机械臂的输出力矩。$\mathbf{F}_d$ 为 6 维力传感器测得到的 3 维力和 3 维力矩矩阵。

系统的阻抗矩阵为：

$$M\ddot{x}_a + B\dot{x}_a + Kx_a = \mathbf{F} \qquad (9.36)$$

由系统的阻抗矩阵求解可得：

$$x_a = (Ms^2 + Bs + K)^{-1}\mathbf{F} \qquad (9.37)$$

其中：M 为阻抗模型的期望惯性矩阵，B 为期望阻尼矩阵，K 为期望弹性矩阵，s 为微分算子。

整个阻抗控制的控制方案为：首先依据弯板任务的需求，对船体外板曲面成形机械臂的末端执行器运动进行基于位置的规划。当没有出现碰撞时，船体外板曲面成形机械臂按原有的规划进行加工，一旦发生碰撞，位于机械臂末端的 6 维力传感器会立刻测得相应的 3 维力和 3 维力矩矩阵，并将这些力和力矩阵进行反馈，得到反馈后由阻抗控制律可以计算出因碰撞力而造成的运动，并将运动补偿到原有的规划中，从而实现力和运动的结合，减少了机械臂的损耗。

9.5　船体外板曲面成形机械臂阻抗控制仿真

9.5.1　仿真系统搭建

这里为了验证阻抗控制系统的控制效果，在 Matlab 软件中对于机械臂阻抗控制进行仿真，阻抗控制的 Simulink 框图如图 9.11 所示。首先需要保证机械臂能够完成良好的笛卡儿位置跟踪控制，即给定笛卡儿位置轨迹，机械臂可以精确的对给定轨迹进行位置跟踪。只有这样，才可以实现基于位置动态调整机械臂与外部作用力的过程。

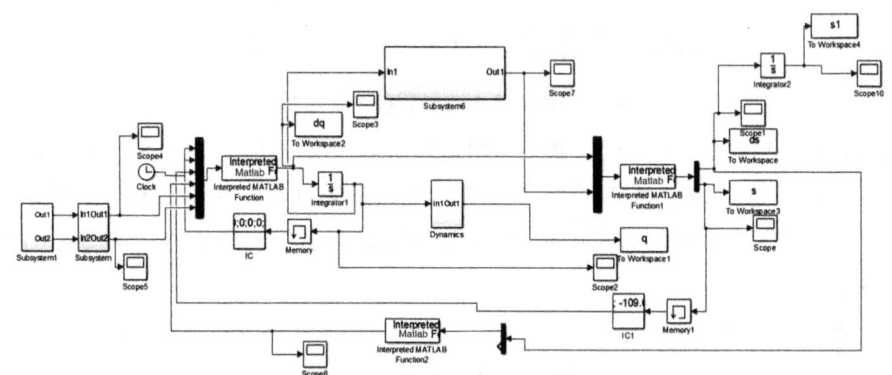

图 9.11　阻抗控制 Simulink 框图

9.5.2　仿真实验

本书将通过阻抗控制的参数选择、机械臂受力仿真以及螺旋轨迹中的阻抗控制三个实验对船体外板曲面成形机械臂的阻抗控制进行研究[101]。

实验 1 参数选择实验

该仿真实验主要为了研究阻抗控制参数中惯量参数，阻尼参数以及弹性参数对机械臂阻抗控制的影响，采用单一变量法研究三个参数对阻抗控制的力跟踪特性进行研究。

①固定阻尼参数 B 和弹性参数 K，测试惯性参数 M 的影响。

将阻尼参数 B 设定为 100，弹性参数 K 设定为 1000，惯性参数 M 从 0.8 变化到 5。其对应的仿真曲线如图 9.12 所示。

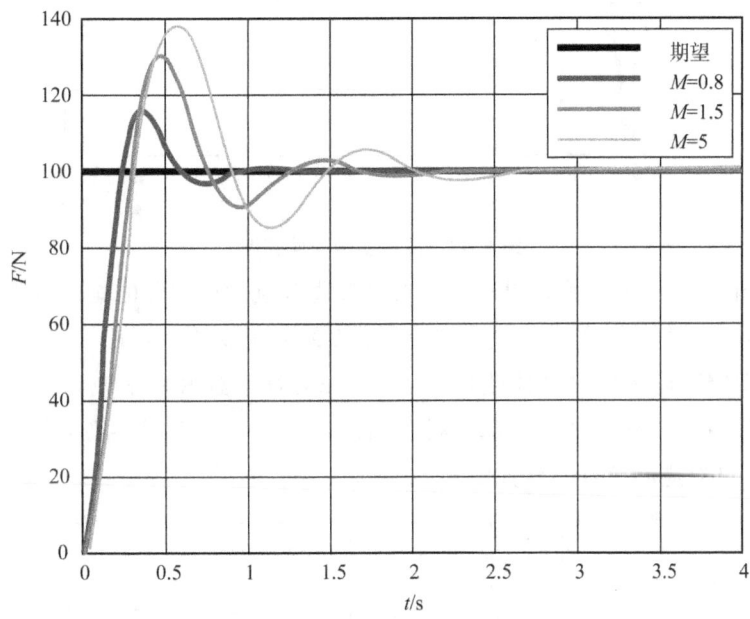

图 9.12 惯性参数影响实验

由图 9.12 中的曲线可以看出，惯性参数 M 越大，系统的延迟越大，且由于改变系统的能量也会较大，因此，系统超调量也会较大，系统更加不稳定。M 选择过大会使目标加速度较小，影响跟踪效果并且系统更难达到稳态。M 选择过小又会引起较大的目标加速度，使机械臂很难正常进行跟踪运动。

②固定惯性参数 M 和弹性参数 K，测试阻尼参数 B 的影响。

假设惯性参数 M 设定为 1，弹性参数 K 设定为 500，阻尼参数 B 从 3 变化到 35。其对应的仿真曲线如图 9.13 所示。

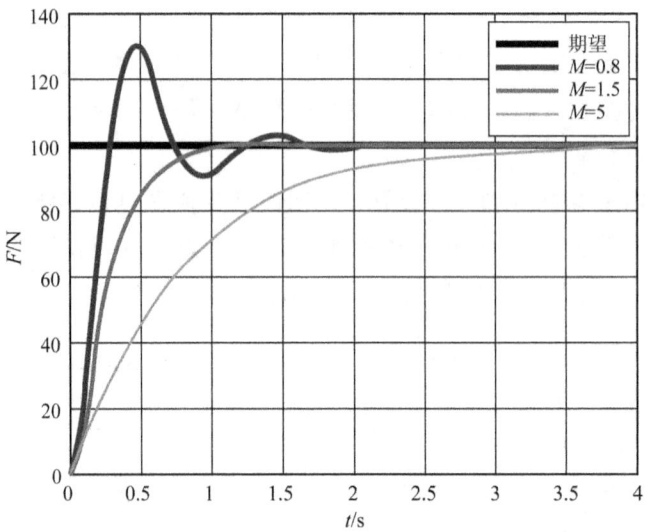

图 9.13　阻尼参数影响实验

由图 9.13 中的曲线可以看出,阻尼参数 B 越大机械臂的响应越迟钝;阻尼参数越小,机械臂的响应速度越快,但系统的震荡越明显。

③固定阻尼参数 B 和惯性参数 M,测试弹性参数 K 的影响。

假设阻尼参数 B 设定为 5,惯性参数 M 设定为 5,弹性参数 k 从 300 变化到 500。其对应的仿真曲线如图 9.14 所示。

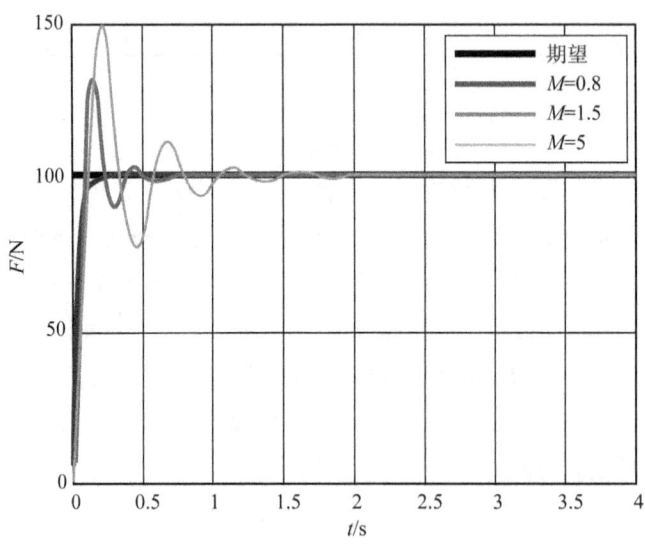

图 9.14　弹性参数影响实验

由图 9.14 中的曲线可以看出，在机械臂阻抗控制中，弹性系数 K 越大，系统的超调越大。

因此，实际进行阻抗控制过程中，系统应该结合这些参数的影响，合理地调节系统参数。

实验 2　机械臂受力仿真实验

该实验主要对机械臂受到外部作用力时，机械臂在阻抗控制下的相应情况进行仿真。机械臂初始状态下笛卡儿位置分别是（−518mm，−109mm，563mm），机械臂一开始处于静止状态，无笛卡儿轨迹跟踪控制任务。当机械臂末端在外部 50N 的作用下，维持 3s，通过仿真观测机械臂的动态响应情况。在该仿真实验中，机械臂的阻抗参数 $[M\ B\ K]$ 分别选择 $[3\ 40\ 3000]$。其中机械臂末端在作用力方向上的位移如图 9.15 所示，机械臂末端在作用力方向上的速度如图 9.16 所示。

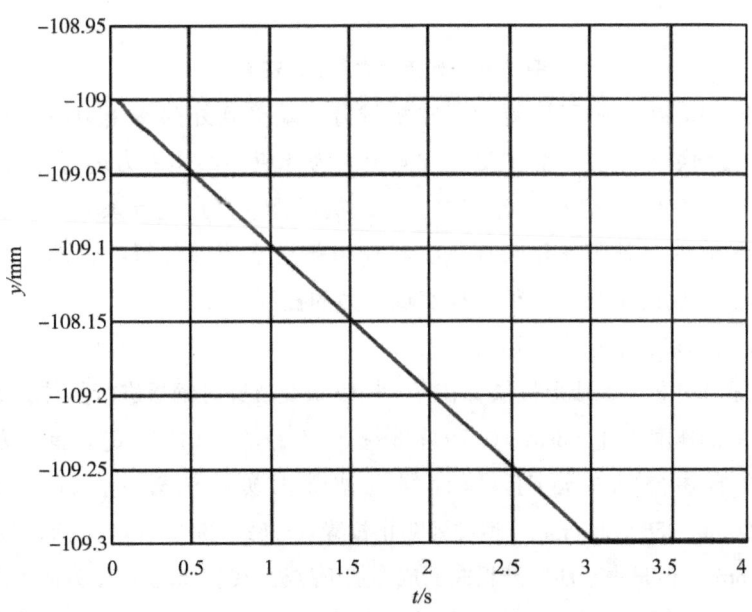

图 9.15　作用力方向上的位移

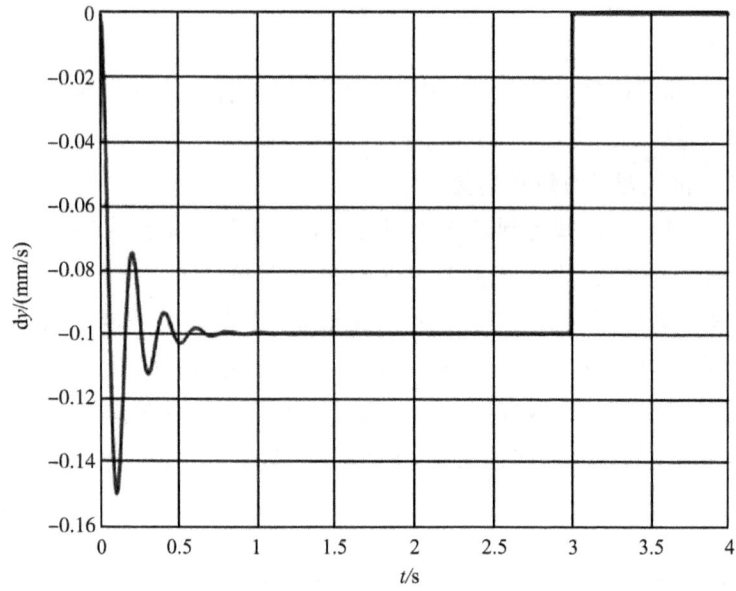

图 9.16 作用力方向上的速度

由图 9.15 和 9.16 可以看出，在机械臂末端受到外部作用力时，其他方向保持位置和姿态不变，而主受力方向上因为环境外部作用力进行位置调整，由于前 3s 一直有恒定的外部作用力，所以机械臂一直在进行该方向的位置调整，在 3～5s 时，外部作用力撤销，机械臂停留在当前位置。显然，机械臂在没有位置控制的情况下，很好地实现了力的控制任务。

实验 3 螺旋轨迹阻抗实验

假定船体外板曲面成形机械臂在 0～6s 以螺旋轨迹对钢板进行加热，其笛卡儿各个方向的速度为 $[-3\sin(0.5t); 3\cos(0.5t); 6; 0; 0; 0]$，单位为 mm。机械臂在自由空间中运动，原计划机械臂由初始位置（－518.0000mm，－109.0000mm，563.6300mm）运动到终止位置（－529.6973mm，－108.1375mm，599.5382mm）。但是由于船体外板曲面成形加工过程中钢板形状在 z 方向上产生了突起，此处的平面位置为 $z=598$，因此，机械臂在运动的过程中会碰到前方突起障碍物，此时机械臂需要采取合适的阻抗控制策略，以防止与环境发生直接的无保护的碰撞。其中，机械臂末端轨迹三维轨迹如图 9.17 所示，机械臂末端 z 方向位移如图 9.18 所示，机械臂末端 x 方向和 y 方向位移如图 9.19 所示，机械臂接触力变化如图 9.20 所示，机械臂各个关节角度变化如图 9.21 所示。

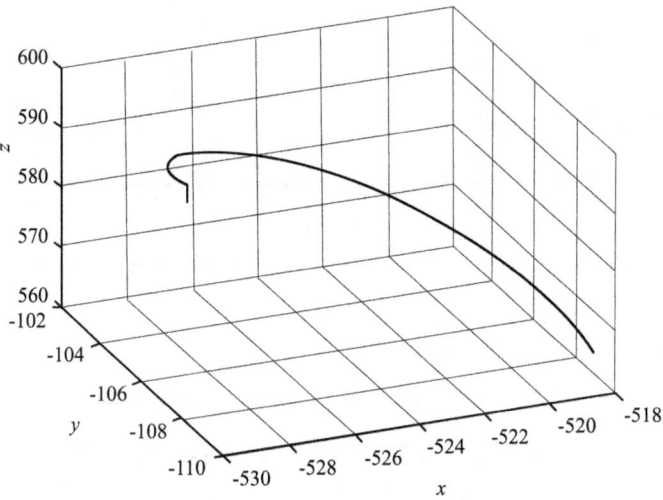

图 9.17 机械臂末端轨迹三维轨迹

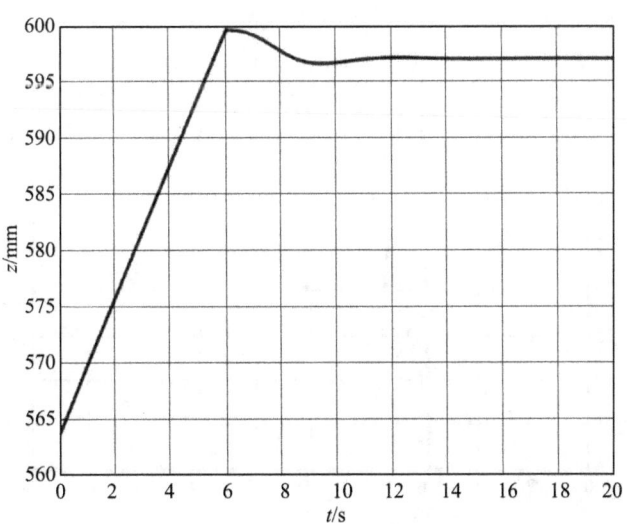

图 9.18 机械臂末端 z 方向位移

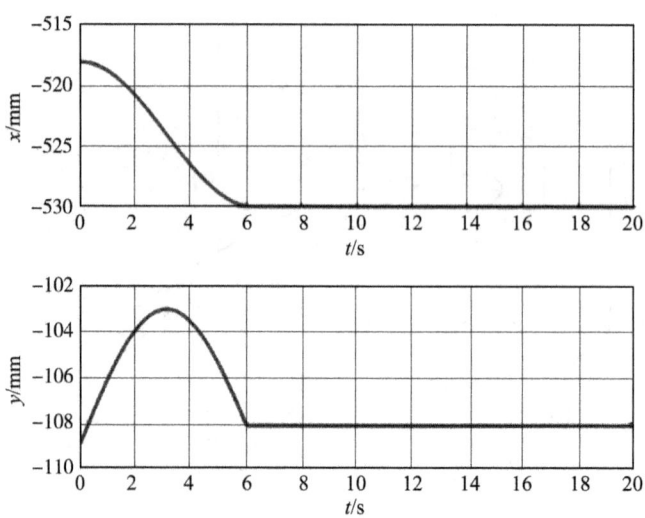

图 9.19　机械臂末端 x 方向和 y 方向位移

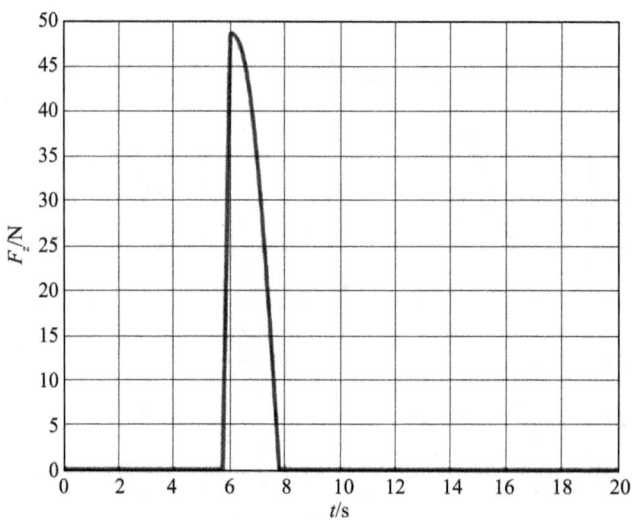

图 9.20　机械臂接触力变化

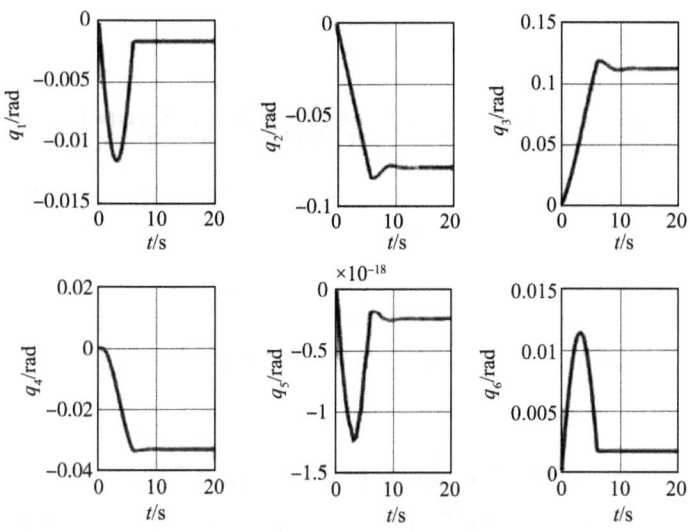

图 9.21　机械臂各个关节角度变化

从仿真结果中可以看出，采用阻抗控制的机械臂很好地完成了螺旋加热轨迹中的一段加热任务，当未发生碰撞时很好地完成了机械臂在位置控制方面的顺滑控制。而在机械臂末端与钢板发生接触时，机械臂很好地完成了力控制的任务，并在作用力的方向上进行补偿位移，迅速减小了作用到机械臂上的力，避免了机械臂的损伤。

9.6　本章小节

本章主要研究了机械臂轨迹规划和阻抗控制。首先研究了 B 样条曲线的轨迹规划和笛卡儿空间的空间圆弧规划方法，然后在 Matlab 软件中建立了船体外板曲面成形机械臂仿真模型对任务优先级算法在螺旋加热轨迹中的有效性进行了验证。其次对船体外板曲面成形加热中可能出现的机械臂和钢板的碰撞进行研究，使用阻抗控制方法对机械臂进行柔顺控制，尽量减少机械臂的碰撞损耗，并在 Matlab 软件中对阻抗控制算法进行验证。仿真结果证明使用阻抗控制能够很好地完成船体外板曲面成形机械臂的加工任务。

第十章　ABB 工业机械臂平台实验研究

10.1　ABB 工业机械臂平台介绍

本书研究的船体外板曲面成形机械臂是以 ABB 的 1410 型六轴工业机器人为主体改造而成的，并以实验工件台、气泵夹具、喷火枪头以及检测装备等作为辅助设备。其中，实验工件台用于存放待加工钢板；气泵夹具用于固定工件台上的钢板；喷火枪头作为机械臂的执行器，检测设备主要用于实验中测定坐标位置。为了确保整个机械臂系统的稳定运行，尽量减少外部环境对系统的干扰，在每次进行实验之前先将机械臂运行一段时间后再进行系统试验。机械臂实验平台如图 10.1 所示。

图 10.1　机械臂实验平台

本书选用的 ABB 六轴工业机械臂[102]系统由机械臂本体、控制箱、示教器、线缆以及配套的 Robotstudio 和 Robotware 软件组成，ABB 机械臂的系统示意图如图 10.2 所示。

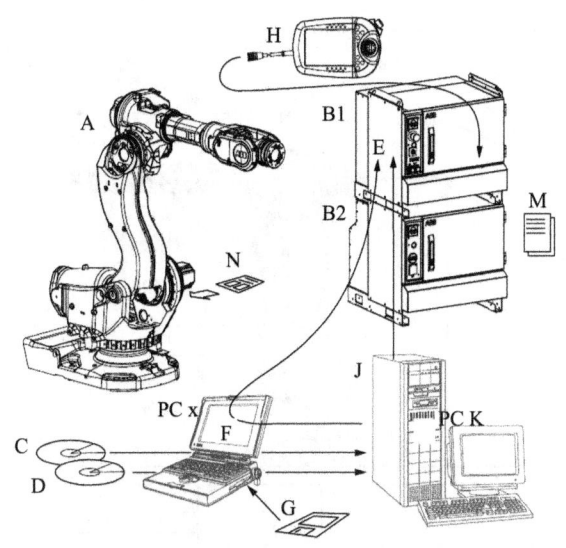

图 10.2　ABB 工业机械臂系统

在图 10.2 中，A 为工业机械臂（图中所示为通用型号）；B1 为机械臂的电子控制装置；B2 为机械臂系统的电源电子装置；C、D 为 ABB 工业机械臂配套的 Robotstudio 和 Robotware 软件；E 为通过 PC 控制机械臂的系统软件；G 为数据磁盘；H 为与控制器相连的手持示教器；J 为网络服务器。

本书使用 ABB1410 型八轴工业机械臂，操作灵活，末端执行器可以达到机械臂活动范围内的每一个点，具体活动范围如图 10.3 所示。机械臂的六个活动关节的活动角度都影响着整个机械臂的位姿，在设置过程中既可以控制每一个关节的转动达到预期位置，也可以直接控制末端执行器运行到活动范围内的任意一点，机械臂将会自动协调每一个关节的活动使末端执行器达到目标位置。ABB1410 型六轴工业机械臂的操作精度一般不超过±0.2mm。六个旋转轴均由伺服电机驱动控制，且每一台伺服电机均有配套的编码器与刹车配置。

ABB1410 型机械臂的操作装置包括控制箱和手持示教器。如图 10.4 所示，控制箱与机械臂之间通过电缆连接，使用手持示教器或位于控制箱上方的操作盘都可以对机械臂进行控制，手持示教器方便使用时移动使用。绝大部分操作都可以直接由手持示教器完成，包括：运行程序、微动控制操纵器、修改机器人程序等。

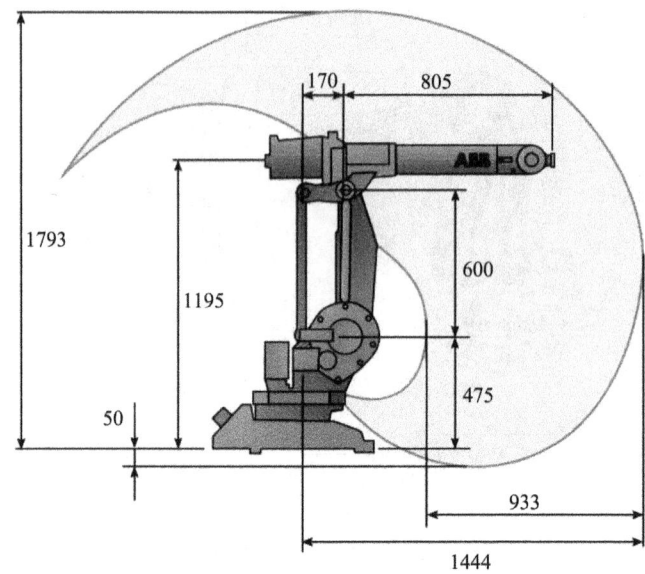

图 10.3　ABB1410 机械臂活动范围

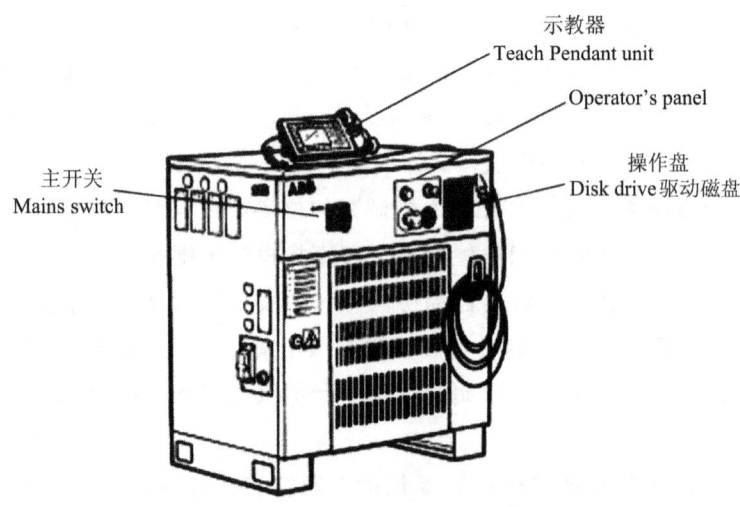

图 10.4　ABB 机械臂控制箱

　　如图 10.5 所示为 ABB 机械臂示教器。图 10.5 中，A 为示教器与控制箱的连接器；B 为触摸屏，大部分命令的输入都在这里完成；C 为紧急停止按钮，在遇到故障或发生危险时按下紧急停止按钮，机械臂会立刻停止运动；D 为使动装置，每次运行机械臂之前都要对机械臂进行测试；E 为控制杆，手动模式下直接可控制机械臂的关节运动。

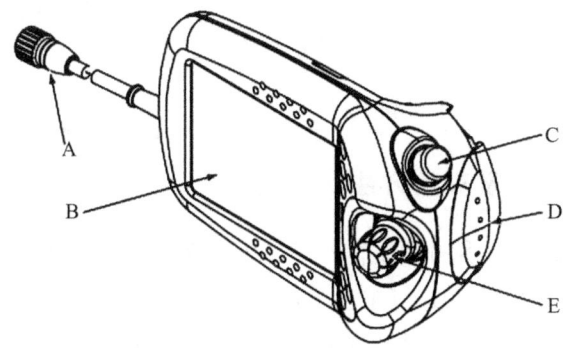

图 10.5　ABB 机械臂示教器

本书的除了 ABB 工业机械臂主体，还配套有用于船体外板曲面成形加热的氧气和乙炔气体储备瓶，气瓶放置在智能气瓶防爆柜中如图 10.6 所示。该智能气瓶防爆柜可自动检测柜内燃起的泄露程度，在达到爆炸浓度时（上限 0.1LEL，下限 0.25LEL）探头传感器会发出警告，避免因泄露造成恶性事故。

图 10.6　智能防爆气瓶柜

10.2　机械臂精度实验

10.2.1　精度标准及实验方法

　　针对市面上越来越多的机械臂产品，为了规范工业机械臂市场，2002 年国家颁布了 GB-T12642-2013《工业机器人　性能规范及其试验方法》，该标准中对位姿的准确性和重复性、轨迹的准确性和轨迹重复性、最小定位时间、拐角偏差等多个重要的衡量机械臂性能指标的参数给出了标准和测试方法。本文将对按照该标准中的要求对 ABB 机械臂进行位姿的准确性和重复性进行实验[103]。

　　在 GB-T12642-2013《工业机器人　性能规范及其试验方法》中，规定了位姿的准确性和重复性验证的实验方法，如图 10.7 所示。其中，工业机械臂可以通过示教编程或直接输入目标位置数据从而得到机械臂末端的指令位姿，而工业机械臂在自动模式下通过指令执行时可以得到机械臂末端的实际位姿。通过比较即可得出机械臂位姿的准确性性能[104]。

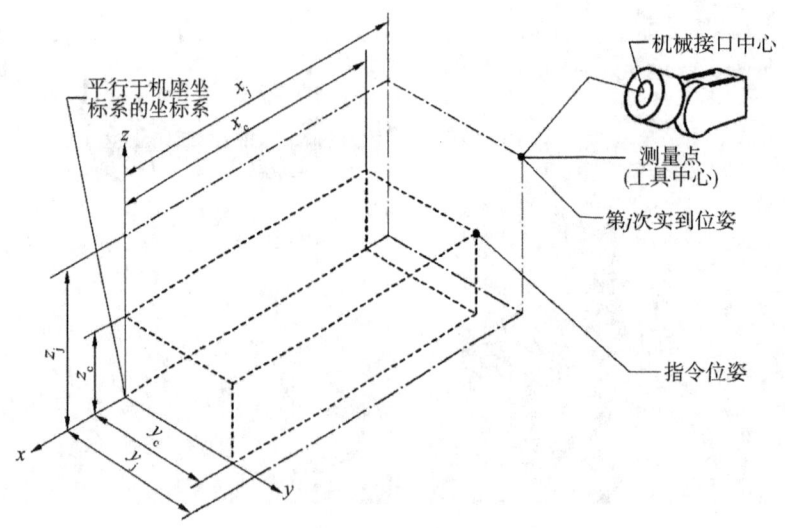

图 10.7　指令位姿和实际位姿实验示意图

1. 位姿准确度

位姿准确度（AP）指的是机械臂末端实际达到的位姿平均值和指令位姿之间的差值。多次实验得到实际位姿的平均值后，由下列公式即可计算出位姿准确度（AP）。

$$AP_p = \sqrt{(\bar{x} - x_m)^2 + (\bar{y} - y_m)^2 + (\bar{z} - z_m)^2} \tag{10.1}$$

$$\begin{cases} AP_x = (\bar{x} - x_m) \\ AP_y = (\bar{y} - y_m) \\ AP_z = (\bar{z} - z_m) \end{cases} \tag{10.2}$$

$$\begin{cases} \bar{x} = \dfrac{1}{n} \sum_{i=1}^{n} x_i \\[2mm] \bar{y} = \dfrac{1}{n} \sum_{i=1}^{n} y_i \\[2mm] \bar{z} = \dfrac{1}{n} \sum_{i=1}^{n} z_i \end{cases} \tag{10.3}$$

其中：$\bar{x}$，$\bar{y}$，$\bar{z}$ 分别为多次重复试验后机械臂末端位置坐标值；x_m，y_m，z_m 分别为目标位姿的位置坐标值；x_i，y_i，z_i 分别为机械臂第 i 次向目标位置移动时所达到的实际位置坐标值。

2. 位姿重复性

机械臂在一个方向上多次重复相同指令后与实际位姿的一致性程度也是衡量机械臂性能的一个重要指标，被称为位姿重复性（RP）。由下列公式即可计算出位姿重复性。

$$RP_1 = \bar{I} \pm 3S_1 \tag{10.4}$$

$$\bar{I} = \frac{1}{n} \sum_{i=1}^{n} l_i \tag{10.5}$$

$$l_i = \sqrt{(\bar{x} - x_i)^2 + (\bar{y} - y_i)^2 + (\bar{z} - z_i)^2} \tag{10.6}$$

$$S_1 = \sqrt{\frac{\sum\limits_{i=1}^{n} (\bar{I} - l_i)^2}{n-1}} \tag{10.7}$$

10.2.2　机械臂位姿实验研究

通过示教器编程选取 4 个点，设定为实验坐标，多次实验取得实际坐标

的平均值 $\overline{x}$，$\overline{y}$，$\overline{z}$，测试结果如表 10.1 所示。

表 10.1　ABB 机械臂定位精度表

实验序号	理论坐标			实际坐标		
	x	y	z	$\overline{x}$	$\overline{y}$	$\overline{z}$
1	−50	−800	500	−49.9123	−800.1296	500.1314
2	−50	−920	550	−50.1964	−920.1127	549.8655
3	80	−500	820	80.1715	−499.8781	820.1277
4	80	−600	850	80.1211	−600.1189	849.8823

由表 10.1 中的理论坐标和实际坐标可以计算出机械臂的绝对定位误差，如表 10.2 所示。

表 10.2　ABB 机械臂绝对定位误差表

实验序号	定位精度差值			
	AP_x	AP_y	AP_z	AP_p
1	0.0877	−0.1296	0.1314	0.2043
2	−0.1964	−0.1127	−0.1345	0.2634
3	0.1715	−0.1219	0.1277	0.2461
4	0.1211	−0.1189	−0.1177	0.2065

机械臂的重复定位误差如表 10.3 所示：

表 10.3　ABB 机械臂重复定位误差表

实验序号	理论坐标			$\overline{l}$（mm）	S_l（mm）	RP_l（mm）
	x	y	z			
1	−50	−800	500	0.0220	0.0180	0.0759
2	−50	−920	550	0.0237	0.0184	0.0804
3	80	−500	820	0.0223	0.0142	0.0649
4	80	−600	850	0.0214	0.0177	0.0745

由表 10.1～表 10.3 可以发现，ABB 机械臂经过 4 次不同点的重复实验最大定位误差为 0.2634mm，最小定位误差为 0.2043mm，平均定位误差为 0.2301mm，重复定位误差为 0.0739mm。数据表明该 ABB 机械臂符合国家指定的工业机械臂性能规范，能够很好地完成定位精确度要求，为之后的船体外板曲面成形加热实验做好了基础准备。

10.3　船体外板曲面成形机械臂加工实验

10.3.1　船体外板曲面成形机械臂加工流程

船体外板曲面成形加工有着严格的工艺要求，必须按照标准步骤顺序进行加工。这里结合工人的手工船体外板曲面成形加工流程给出船体外板曲面成形机械臂加工流程图如图10.8所示。

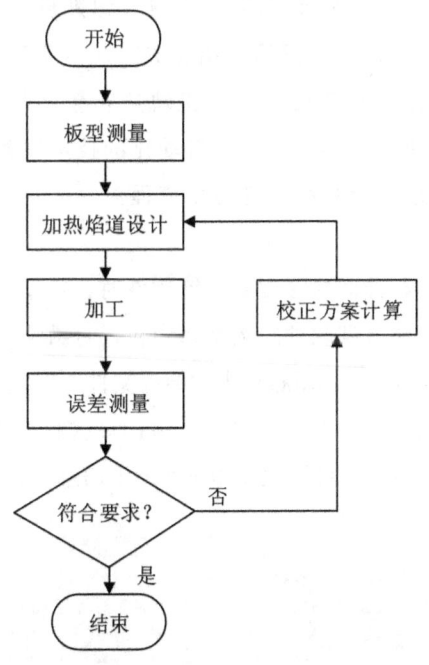

图10.8　船体外板曲面成形机械臂加工流程图

①预测量：通过测量或钢板型值点数据输入得到钢板初始的形状信息。

②加热焰道设计：输入钢板初始形状信息和目标形状信息，由船体外板曲面成形决策支持系统给出加热焰道信息，并给出实际加工报表。

③加工：根据加工报表给出的数据，生成加工指令，设置机械臂对钢板进行加工；

④误差测量：加热并冷却完成后，测量钢板，对比目标钢板数据，计算

两者的差值数据。

⑤根据差值数据对钢板的成形效果进行判断，若达到工艺要求，则结束本次船体外板曲面成形加工；若未能达到工艺要求，则返回步骤②中再次给出新的焰道信息并加工，如此反复直至完成所有钢板加工步骤。

10.3.2 船体外板曲面成形决策支持系统

船体外板曲面成形决策支持系统[105]的设计目的是将已有的船体外板曲面成形加工中总结的经验进行整合，当遇到数据库中存在的钢板变形需求时，按之前的经验直接给出加工方案，如果目标板型是数据库中所没有的，则通过对目标钢板的数据输入和特征采集，并输入到推理机中，从而给出可供参考的加热方案[106]。得到加工方案后，由相关技术人员对加工方案进行确认或修改，完成最终的船体外板曲面成形加工轨迹布置。船体外板曲面成形专家系统是实现船体外板曲面成形加工作业自动化的技术储备。

船体外板曲面成形专家系统软件使用流程：

1. 添加板材数据

首先，使用船体外板曲面成形专家系统软件时，要用手动或直接导入的方式将待加工的新船板数据导入到软件的数据库中。板材数据导入数据库后，可以查看相应的编号及相关参数。添加新板点击"导入文件"按钮，将指定的 txt 板材信息文件导入数据库。点击"导入 PDF 文件"，将 txt 文件对应的板材 pdf 文件导入数据库。信息导入完成后，就可以生成相应的加工信息了。具体如图 10.9 所示。

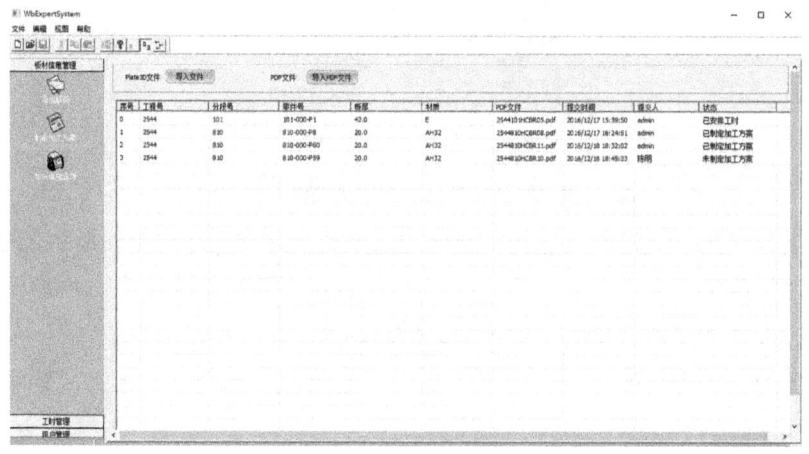

图 10.9 添加新板界面

2. 制订方案

在制定加工方案页面，可以选择需要加工的板材。在列表中选中指定的板材，在界面下方，显示出对应板材的 PDF 文件和三维点整信息。通过 PDF 文件和三维信息，可以选择板子的类型和加工方法。点击"下一步"按钮，进入加工方案制定子页面。如图 10.10 所示。

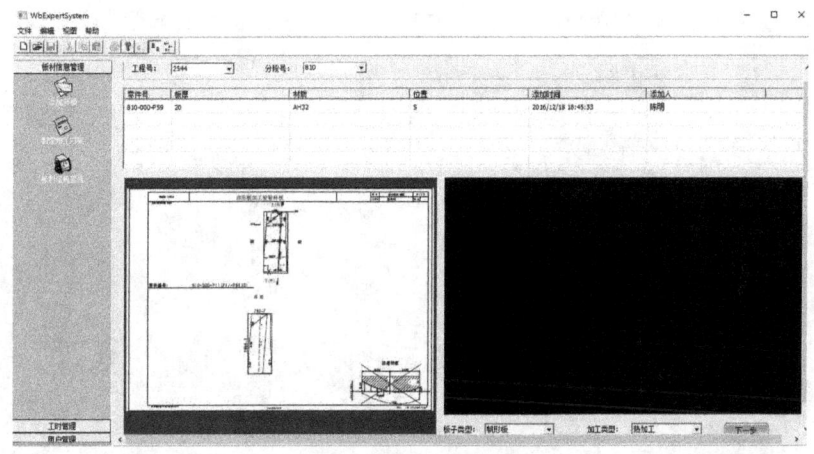

图 10.10　制定加工方案

3. 生成方案

点击"制定加工方案"按钮，生成加工线位置。如果觉得加热线有问题可对加热线的位置、长短进行修改，如图 10.11 所示：其中粗实线表示加热线，数字为加热线之间的距离和长度，单位为 mm，中间的 1，1a、3、3a 等为加热顺序。

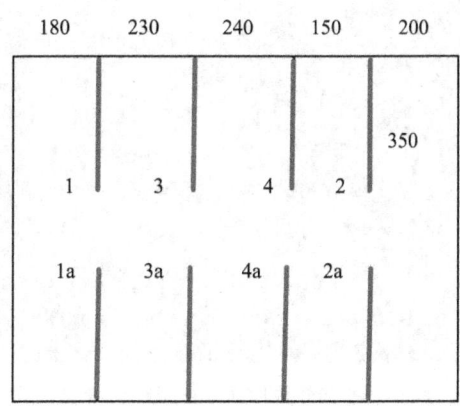

图 10.11　加热线位置

10.3.3 船体外板曲面成形机械臂加工

按照图 10.11 给出的加热线位置，操作机械臂在相应的加热线位置使用螺旋式加热轨迹对钢板进行加热操作。加热操作过程如图 10.12、图 10.13 所示。加热完成后用样箱对钢板的成形效果进行检测。

图 10.12　船体外板曲面成形机械臂加热过程 1

图 10.13　船体外板曲面成形机械臂加热过程 2

图 10.14　钢板最终成形效果

本次试验使用的钢板尺寸为 1000mm×1000mm×10mm。最终板材的成形效果如图 10.14 所示。该板材为双曲率板材，所以加热完成后使用样箱对钢板进行校准，并在各肋位位置卡上样板进行测量，测量数据如表 10.4 所示。实验结果表明使用船体外板曲面成形机械臂对钢板进行螺旋式加热的单次加工成形率在 80% 左右，接近人工加热的单次成形效果，相对于现有的普通船体外板曲面成形设备的单次 55% 成形率有了很大提高，只需要在个别位置进行少量补火即可，基本能够满足单次加热的变形要求，减少了返工次数，大大提高了船体外板曲面成形加工的效率。实验证明采用工业机械臂使用螺旋式加热轨迹的加工方案是可靠有效的。

表 10.4　钢板变形数据

编号	1	2	3	4	5
变形效果（mm）	60	35	0	33	57
编号	1a	2a	3a	4a	5a
变形效果（mm）	32	23	0	22	30

10.4　本章小结

本章首先介绍了 ABB 工业机械臂实验平台以及相关的软硬件设施，并且依据国家标准对该实验平台的位姿准确性和重复性作出了验证，确保了后续试验的可靠性。最后，通过船体外板曲面成形专家系统得到加热线分布，并用 ABB 工业机械臂实验平台沿加热线对钢板进行了加热。实验证明采用螺旋加热轨迹的机械臂实验平台加热效果优秀，为船体外板曲面成形技术实现全自动化打下了基础。

第十一章 总结与展望

11.1 总 结

本书以船体外板曲面成形"线加热"工艺为研究对象，研究了实现"线加热"工艺自动化的关键技术，取得了如下创新研究成果：

(1)"线加热"工艺有限元建模研究

本书首先在"线加热"工艺变形机理数学模型的基础上建立工艺有限元模型，在 ANSYS 有限元仿真算例数据基础上分析了温度场和变形场的有限元数值结果，从中发现了"不均匀变形"现象和"单"线加热变形效果较小的现象。

(2)船体外板变形预测模型的研究

本书提出了两个旨在更好地表征气体热源面输入效果和体现多个加工参数综合影响效果的复合变量，很好地解决了多个工艺参数与残余变形量之间拟合难度较大的难题。然后利用多输入多输出支持向量机（MIMO-SVM）进行样本学习、建立复合变量和船板残余变形量之间的非线性关系模型。以有限元数值模拟数据和神经网络预测数据为基础建立了综合数据库。

(3)"线加热"工艺的实验研究

本书描述了作者项目团队研制船体外板曲面线加热成形自动化设备样机的基本情况，并借助该设备开展了"线加热"工艺的实验研究。通过制订实验方案对有限元模型和神经网络预测模型进行了验证实验，证明了线加热有限元模型和 MIMO-SVM 船板变形预测模型的有效性和可靠性，同时也证明了"不均匀变形"现象和"单"线加热变形效果较小现象的客观存在。

(4)船体外板曲面线加热成形工艺智能决策支持系统的研究

本书将智能决策引入到船体外板曲面成形领域中，构建了智能决策支持系统，包括知识库和推理机。知识库由船板特征信息库、工艺规则库及方法库和资源库组成。其中在构建知识库船板信息库时采用了特征建模技术，建立了特征元和加工元等知识单元。工艺规则库包含船厂"线加热"工艺实操人员以规则形式存储的经验知识，方法库包括本书提出的不均匀划分的船板展开方法。资源库则包含船板加工所用的加热头、重块、夹具、数控机床行走机构以及测量设备等各种资源。然后给出了推理机的推理过程，建立了"线加热"工艺评价指标体系，根据实际生产要求采用蚁群算法寻找最优的加工方案。最后编制相应软件，建立基于 C♯、Matlab 和 SQL Server 的智能决策支持系统软件平台，为工艺实操人员提供优化的线加热加工方案。通过实操人员的反馈信息，按照该系统给出的加工方案进行线加热的船板一次成形率在 75% 左右，证明该系统在生产实践中是可行的和有效的。

（5）"变速度"和"双重"新加工模式研究初探

本书提出了"变速度"和"双重"线加热的新加工模式，并建立了相应的有限元模型，有限元仿真计算数据证明两种新的加工模式能有效地消除"不均匀变形"现象和提高船体外板曲面的变形量。

（6）"梯形"线加热方式初探

本书提出一种新型的加工方式梯形加热，并建立梯形加热的热结构有限元模型，通过对比有限元计算结果和实际计算结果，验证了梯形加热是收边加热工艺当中靠近板边有效加热面积最大的一种成形方式 。

（7）基于机械臂的复杂曲线加热初探

本书首先对船体外板曲面成形工艺原理进行分析，并针对现有的一些原理机采用直线加热模式无法满足加热输入量需求的问题，结合了船体外板曲面成形加工中的经验，提出了一种螺旋式的加热轨迹并给出该螺旋轨迹的方程，并通过 ANSYS 软件验证了螺旋轨迹相对于直线轨迹确实能够达到的更好加热效果。

（8）船体外板曲面成形机械臂轨迹规划及阻抗控制研究

本书要研究了机械臂轨迹规划和阻抗控制。首先研究了 B 样条曲线的轨迹规划和笛卡尔空间的空间圆弧规划方法，然后在 Matlab 软件中建立了船体外板曲面成形机械臂仿真模型对任务优先级算法在螺旋加热轨迹中的有效性进行了验证。其次考虑到实际加工过程中可能会出现的机械臂和钢板之间的碰撞问题，提出了使用阻抗控制方法对机械臂进行柔顺控制，尽量减少机械臂的碰撞损耗，并在 Matlab 软件中对阻抗控制算法进行验证。

（9）ABB 工业机械臂平台实验研究

本书介绍了基于 ABB 工业机械臂的实验平台，并且根据国家制定的工业机械臂精度测定标准对该工业机械臂进行精度验证，证明该实验平台国家的工业生产标准。其次，使用机械臂对板材进行螺旋式轨迹的水火弯板试烧制实验，采集相关数据，得到了理想的烧制效果。

15.2 展　望

船体外板曲面线加热自动成形是个交叉学科的产物，涉及热力学、弹塑性力学、材料力学、人工智能、模式识别、控制和计算机等。鉴于笔者的学术水平有限，对其规律的认识还有提高空间。通过系统的研究，笔者认为以下方面值得继续深究：

（1）无论是"单"线加热还是"双重"线加热模式，对与船厂实际生产来说船板变形量都偏小，因此研究"多重"线加热或其他新的加工模式对加大船板变形量和提高生产效率都具有现实意义。

（2）氧乙炔气体和高频感应热源都具有不少缺点，面对现在的"绿色造船"理念，如何选取新的"绿色"的清洁热源，这也是值得研究挖掘的方面。

参考文献

［1］ 2015 年船舶工业经济运行分析．中国船舶工业协会，2016.01.

［2］ 船舶工业调整和振兴规划．国务院，2009.

［3］ Shin J G, Lee Jang Hyun, Park Sung Kun. A Numerical Thermoplastic Analysis of Line Heating Processes for Saddle-type Shells with the Application of an Artificial Neural Network ［J］．Journal of Ship Production. 1999，15（1）：10-20.

［4］ Shin J G, Kim W D, Lee J H. Numerical Modeling for Systematization of Line Heating Process ［J］．Journal of Hydrospace Technology. 1996，2（1）：42-54.

［5］ Yu G, Anderson R J, Maekawa T, etc. Efficient simulation of shell forming by line heating ［J］．International Journal of Mechanical Sciences. 2001，43（10）：2349-2370.

［6］ Martin Birk-Shrensen. Simulation of welding distortions in ship section ［D］．Demark：Technical University of Denmark，1999.

［7］ G Yu, R J Anderson, T Maekawa et al. Efficient simulation of shell forming by line heating ［J］．International Journal of Mechanical Science，2001，43，2349-2370.

［8］ Clausen H B. Plate forming by line heating ［D］．Denmark：Technical University of Denmark，2000.

［9］ Clausen H B. Numerical methods for plate fomling by line heating ［J］．Ship technology research，2000，47：102-109.

［10］ Vega A, Nawafune M, Tango Y, et al. Influential Factors Affecting Inherent Deformation During Plate Forming by Line Heating（Report 5）——The Effect of Water Cooling ［J］．International Journal of Offshore and Polar Engineering，2011，21（2）：457-463.

[11] Nakajima Mssaki，Kawano Kazuyoshi，Katsuta Jyunichi. A Preliminary Study on the Angular Distortion by Line-Heating [J] . NASA No. 19981223034 Reports og the Faculty of Engineering，Nagasaki University，1993，23（40）：55-63.

[12] Choi Y H，Lee Y W，Choi K，et al. Temperature distribution and thermal stresses in various conditions of moving heating source during line heating process [J] . Journal of Thermal Science，2012，21（1）：82-87.

[13] Kim Y B，Shin J G，Hyun C M，et al. The Determination of Heating Shapes and Locations for Triangle Heating [J] . Journal of Manufacturing Science and Engineering，2009，131（2）：7-21.

[14] 董大栓 . 水火弯板成形规律及加工参数的确定研究 [D] . 上海：上海交通大学（博士学位论文），2002.

[15] 张雪彪 . 船体曲面钢板完全线加热成形研究 [D] . 大连：大连理工大学（博士学位论文），2006.

[16] 王忠强，刘玉君，汪骥 . 船体艏艉板水火加工主要变形影响参数及规律研究 [J] . 造船技术，2009（4）：20-22.

[17] 张安超 . 水火弯板关键技术研究 [D] . 上海：上海交通大学，2011.

[18] 朱秀莉，刘玉君 . 基于 BP 网络的复杂曲面钢板角变形量分析 [J] . 造船技术，2010（2）：23-25.

[19] 李飞 . 船体类球面外板水火成型工艺参数预报 [D] . 大连：大连理工大学，2010.

[20] Park J S，Shin J G，Ko K H，et al. Development of an automated line heating information extract system for fabrication of curved hull plates [C] . International conference on computer applications in shipbuilding. 2007：18-20.

[21] Fujit H，Ishibashi K. Eddy current analysis of thin metal container in induction heating by line integral equations [J] . Electrical Engineering in Japan，2009，168（2）：20-27.

[22] Galunin S A，Zlobina M V，Blinov K Y. Numerical model approaches for in-line strip induction heating [C] . EUROCON' 09. IEEE. 2009：

1607-1610.

[23] Nguyen T T, Yang Y S, Bae K Y. The development of an artificial neural network model to predict heating-line positions for plate forming in induction heating process [J]. Mechanics Based Design of Structures and Machines, 2009, 37 (2): 201-227.

[24] Lee K S, Kim S W, Eom D H. Temperature distribution and bending behaviour of thick metal plate by high frequency induction heating [J]. Materials Research Innovations, 2011, 15 (s1): s283-s287.

[25] Nguyen T T, Yang Y S, Bae K Y. Analysis of bending deformation in triangle heating of steel plates with induction heating process using laminated plate theory [J]. Mechanics based design of structures and machines, 2009, 37 (2): 228-246.

[26] 潘作为. 基于 ANSYS 的感应加热数值模拟及感应器设计 [D]. 大连: 大连理工大学, 2006.

[27] 孙风胜, 刘玉君, 邓燕萍. 钢板局部感应加热的有限元分析 [J]. 造船技术, 2009 (6): 35-38.

[28] 杨玉龙, 张雪彪, 刘玉君. 船体板高频感应加热的多场耦合数值分析 [J]. 船海工程, 2011, 40 (6): 24-27.

[29] 石兵. 电磁力辅助水火弯板工艺电路设计及仿真分析 [D]. 大连: 大连理工大学, 2011.

[30] 张雪彪, 刘玉君, 胡雪锋, 等. 钢板感应加热成形的实验分析和数值模拟 [J]. 哈尔滨工程大学学报, 2009, 30 (3): 239-243.

[31] 张雪彪, 杨玉龙, 刘玉君. 钢板高频感应加热过程电磁-热耦合场分析 [J]. 大连理工大学学报, 2012, 52 (5): 676-682.

[32] 安国银, 张继祥, 李政君. 船板高频感应加热关键点变形规律研究 [J]. 船舶工程, 2013, 35 (005): 87-90.

[33] 柏劲松. 高频感应加热弯板成型感应器的设计 [J]. 科技风, 2013 (1): 43-45.

[34] Junichi Katsuta, Tsuyoshi Kato. The Acquirement system of skills for bending process of steel plate by line heating [J]. 西部造船会报, 2001, 102: 273-285.

[35] H. C. Kuo，L. J. Wu. Fuzzy control of a heat-bending system [J]. Journal of Materials Processing Technology，2002，120：186-201.

[36] Shin J G，Ryu C H，Lee J H，Kim W D. User-friendly，advanced line heating automation for accurate plate forming [J]. Journal of Ship Production，2003，19 (1)：8-15.

[37] Vega A，Osawa N，Rashed S，et al. Analysis and prediction of edge effect on inherent deformation of thick plates formed by line heating [J]. Computer Modeling in Engineering & Sciences (CMES)，2010，69 (3)：261-279.

[38] Vega A，Camaño A，Fong A，et al. Analysis and Prediction of Overlapping Effect on Inherent Deformation During the Line Heating Process [J]. CMES：Computer Modeling in Engineering & Sciences，2013，90 (2)：147-163.

[39] Biswas P，Mandal N R，Sha O P. Optimization of strain field distribution for generation of compound curve surfaces using line heating technique [J]. Computational Materials Science，2009，45 (1)：167-175.

[40] 刘玉君，郭培军，邓燕萍等，人工神经网络在水火弯板温度场热源参数预测时的应用研究 [J]. 造船技术，2006，2 (7)：19-21.

[41] 刘滨，蒋祖华，虞成全. 基于 FEA 和 ANN 的水火弯板表面变形预测方法 [J]. 中国造船，2006，47 (2)：120-124.

[42] 邓燕萍，郭培军，刘玉君，等. 船体外板水火成型工艺参数预报系统设计与实现 [J]. 船舶工程，2008，30 (1)：61-65.

[43] 郭培军，刘玉君，孙景民. 钢板水火加工温度场热源参数预报研究 [J]. 金属热处理，2007，32 (2)：69-71.

[44] 侯倜，张志英. 基于 GA 和 SVM 的水火弯板焰道布置优化方法 [J]. 船舶工程，2012，34 (1)：60-64.

[45] 陈伟. 船体板水火弯板成形焰道布置优化研究 [D]. 大连：大连理工大学，2013.

[46] Noh J，Shin J G，Ko K H，et al. An Embedded Prototype for a Distributed and Automated Line Heating System [J]. Journal of Ship Production，2009，25 (4)：182-190.

[47] Iwamoto K，Kizuka Y，Tsujino Y. Plate bending by line heating with interactive support through a monocular video see-through head mounted display [C]. Systems Man and Cybernetics (SMC)，2010 IEEE International Conference on. IEEE，2010：185-190.

[48] 何远毫. Trio 运动控制器在数控水火弯板机上的应用 [J]. 广船科技，2009 (4)：29-32.

[49] 江伟欢，程良伦. 水火弯板运动控制系统的研究 [J]. 机床与液压，2009，37 (10)：181-184.

[50] 唐伟，杨澍，许江淳. 采用嵌入式技术的弯板机加热头距离随动保持系统设计 [J]. 材料开发与应用，2013 (2)：39-42.

[51] 剪欣，程良伦. 多轴数控水火弯板智能控制系统的研究 [J]. 计算机测量与控制，2013，21 (012)：3243-3246.

[52] 陈翀，程良伦. 基于 MC464 水火弯板机八轴运动控制系统的设计 [J]. 制造技术与机床，2013 (6)：40-44.

[53] 潘敏. 船体外板加工成型复杂曲面自动检测方法的研究 [D]. 广州：广东工业大学，2012.

[54] 甄希金，赵晶，刘祯祺. 船体曲板成型在线检测技术与系统应用介绍 [J]. 造船技术，2013 (4)：53-56.

[55] 钟华，程良伦. 水火弯板机系统中三维重建技术的研究 [J]. 制造业自动化，2013，35 (15)：102-104.

[56] 陈典，程良伦. 信息物理融合系统在水火弯板成型复杂曲面检测中的研究 [J]. 船舶工程，2013，35 (3)：82-85，103.

[57] 周宏，蒋志勇，齐亮，姚飙. 数控高频感应成型设备曲板成型数据库系统开发研究 [J]. 船舶工程，2011，33 (6)：73-76.

[58] Qi Liang，Zhang Chenglong. Effect of forming factors on surface temperature and residual deformation of the plate in line heating [J]. International Journal of Materials and Structural Integrity，2013，7 (1/2/3)：171-181.

[59] Liang Qi，Feng Yu. The Surface Deformation Prediction of Ship-Hull Plate for Line Heating [C]. International Conference on Frontier Computing，Bangkok，Thailand，2015，827-839.

[60] 齐亮，杨平，张成龙. 船体外板"双重"线加热成形研究 [J]. 船舶力学，2013，17 (8)：925-930.

[61] 张成龙，杨平，齐亮. 水火弯板梯形加热变形机理研究 [J]. 舰船科学技术，2014，36 (3)：106-111.

[62] Qi Liang, Li Tianbo. Research on ship-hull plate's curve forming by means of line heating with variable velocity [J]. International Journal of Materials and Structural Integrity，2016，10 (1/2/3)：99-107.

[63] Qi Liang, Li Yan. Inverse Kinematics Solution of Manipulator for the Steel Plate Bending Forming by Line Heating Based on SVM and GA [C]. International Conference on Mechatronics Technology, Tianjin, China, 2012, 415-418.

[64] Liang Qi, Feng Yu. Research on Expert System for Line Heating [C]. International Conference on Frontier Computing, Tokyo, Japan, 2016.

[65] H. H. 雷卡林著. 焊接热过程计算 [M]. 徐碧宇，庄鸿寿译. 北京：机械工业出版社，1958. 126-195.

[66] 刘玉君，纪卓尚，孙焕纯. 水火弯板温度场的数学模型 [J]. 中国造船，1996，(4)：87-95.

[67] J. G. 科利尔著. 魏先英等译. 对流沸腾和凝结 [M]. 北京：科学出版社，1982.

[68] 何福保，沈亚鹏. 板壳理论 [M]. 西安：西安交通大学出版社，1993：1-24.

[69] 陈楚编著. 数值分析在焊接中的应用 [M]. 上海：上海交通大学出版社，1985.

[70] 范慕辉，李松年. 热弹塑性应力分析的有限元方法 [J]. 河北工学院报，1995，24 (4)：51-58

[71] 朱利华，胡忠，王本一. 基于有限变形理论的二维热弹塑性有限元模型技术的研究 [J]. 机械工程学报，1999，35 (3)：108-112.

[72] Awang M. The effects of process parameters on steel welding response in curved plates [D]. West Virginia, USA：College of Engineering and Mineral Resources at West Virginia University [Dissertation]，2002.

[73] Pankaj Biswas, Nisith Ranjan Mandal, Om Prakash Sha. Numerical and

dimensional analysis for prediction of line heating residual deformations [J]. Journal of Marine Science and Application, 2010, 9: 14-21.

[74] 张成龙. 水火弯板变形机理关键参数研究 [D]. 江苏: 江苏大学, 2014.

[75] 廖龙飞. 多输出支持向量机及其应用研究 [D]. 北京: 北京化工大学, 2011.

[76] 刘军. CAD/CAM 技术基础 [M]. 北京: 北京大学出版社. 2010.

[77] 刘伟. 智能 CAPP 系统中工艺路线和切削参数的决策研究 [D]. 天津: 天津大学, 2010.

[78] 张志刚, 曹西京. 基于特征的建模技术 [J]. 机械研究与应用. 2004, 17 (5): 21-22.

[79] 林金. 水火加工船体外板的表达与展开及软件实现 [D]. 大连: 大连理工大学, 2004.

[80] Natasha Gelfand, Leslie Ikemoto, Szymon Rusinkiewicz, et al. Geometrically Stable Sampling for the ICP Algorithm [C]. Proceedings of Fourth International Conference on 3-D Digital Imaging and Modeling. Stanford University, CA, USA, 2003: 260-267.

[81] 齐亮. 基于蚁群算法的支持向量机参数选择方法研究 [J]. 系统仿真技术, 2008, 4 (1): 14-18.

[82] 齐亮, 杨平, 张成龙. 船体外板 "双重" 线加热成形研究 [J]. 船舶力学, 2013, 17 (8): 925-630.

[83] Truong-Thinh Nguyen, Young-Soo Yang. Using Neural Network for predicting induction-heating paths in shipyard. International journal of precision engineering and manufacturing [J]. 2009, 12 (1): 105-113.

[84] 刘刚, 刘伟, 杨景红. 新型 440MPa 船板火工矫正水火弯板工艺性能与组织分析研究 [J]. 材料开发与应用, 2012 (5): 17-19.

[85] Victor Daniel Zegarra Torres, Murilo Augusto Vaz, Julio Cesar Ramalho Cyrino. Correction of plate welding-induced distortions by multipass line heating [J]. Marine Systems & Ocean Technology, 2016, 11 (3-4).

[86] 李浩. 六自由度机械臂轨迹规划方法研究 [D]. 浙江工业大学 2015

[87] Time-optimal and jerk-continuous trajectory planning for robot manipulators with kinematic constraints ［J］. Huashan Liu, Xiaobo Lai, Wenxiang Wu. Robotics and Computer Integrated Manufacturing . 2013 (2)

[88] 王幼民, 徐蔚鸿. 机器人连续轨迹控制中的 B 样条轨迹优化 ［J］. 机械设计, 2000, 10 (10)：33-35.

[89] 陈丹. 基于遗传算法的 B 样条曲线优化在机器人轨迹规划中应用 ［D］. 武汉科技大学, 2007.

[90] 任敬轶, 孙汉旭. 一种新颖的笛卡尔空间轨迹规划方法 ［J］. 机器人, 2002, 24 (3)：217-221.

[91] 高涵, 张明路, 张小俊. 冗余机械臂空间轨迹规划综述 ［J］. 机械传动. 2016 (10)

[92] 赵京, 宋春雨, 谢碧云. 基于任务优先级的仿人机械臂拟人运动规划 ［J］. 北京工业大学学报, 2014, (04)：502-508

[93] 尹新城, 胡勇. 基于 MATLAB 的机器人 GUI 仿真平台设计研究 ［J］. 科技通报, 2018, 34 (01)：193-196.

[94] 欧阳博. 基于自适应控制的直线电机位置控制研究 ［D］. 浙江理工大学, 2017.

[95] 陈峰, 费燕琼, 赵锡芳. 机器人的阻抗控制 ［J］. 组合机床与自动化加工技术. 2005 (12)

[96] Multiple-priority impedance control. Robert P J, Muhammad A, Charles W. 2011IEEE International Conference on Robotics and Automation . 2011

[97] 莫洋, 魏博. 空间机械臂辅助大质量舱体对接阻抗控制方法 ［J］. 载人航天, 2016, (01)：126-131

[98] Impedance Control of Space Robot ［J］. P. M. Pathak, A. Mukherjee, A. Dasgupta. International Journal of Modelling and Simulation . 2006 (4)

[99] Force control of robot manipulators. Yoshikawa T. In：Proc IEEE Int Conf Robotics and Automation . 2000

[100] G. J. Liu, A, A. Robust Hybrid Impedance Control of Robot Manipu-

lators. Goldenberg. Robotics and Automation，1991.

[101] 周诚．空间七自由度冗余机械臂动力学建模与控制研究［D］．哈尔滨工业大学：2014.

[102] 胡亚强，于金鹏，赵林，王世军，崔健．基于ABB-irb120机器人的运动学分析与建模仿真［J］．青岛大学学报（工程技术版），2017，32（03）：26-30.

[103] F. J. Brosed，J. Santolaria，J. J. Aguilar，D. Guillomía. Laser triangulation sensor and six axes anthropomorphic robot manipulator modelling for the measurement of complex geometry products［J］. Robotics and Computer Integrated Manufacturing . 2012 (6)

[104] 董令．KUKA工业机器人动力学模型建立及同步控制研究［D］．长春工业大学：1，2017.

[105] 陈尤力．水火弯板专家系统研究［D］．江苏科技大学 2015

[106] Development of FIS for Identification of Potential Failure Locations in Topside Piping Sub-Systems：An Expert System Based Approach. Seneviratne，Ratnayake，Chandimal. Proceedings of the International Conference on Offshore Mechanics and Arctic Engineering-OMAE. 2015

[107] 刘松国．六自由度串联机器人运动优化与轨迹跟踪控制研究杭州：浙江大学机械系．2009.4.

[108] 董令．KUKA工业机器人动力学模型建立及同步控制研究［D］．长春工业大学：1，2017.

[109] 六自由度机械臂控制系统设计与运动学仿真．马江．北京工业大学．

[110] 陈鹏，刘璐，余飞等．一种仿人机械臂的运动学逆解的几何求解方法［J］．机器人，2012，34（2）：211-216.

[111] 孙开林．六自由度工业机器人运动与控制技术的研究［D］．江南大学2012.

[112] Louis Hawley，Wael Suleiman Control framework for cooperative object transportation by two humanoid robots. Robotics and Autonomous Systems. 2019 (115)：1-16

[113] 李宪华，郭永存，宋韬．六自由度工业机器人手臂正运动学分析与仿真［J］．安徽理工大学学报（自然科学版）．2013（02-0034-05）

［114］ Caccavale F，Chiacchio P，Marino A，et al. Six-DOF Impedance Control of Dual-Arm Cooperative Manipulators ［J］. IEEE Transactions on Mechatronics，2008，13（5）：576-586.

［115］ Sung LeeJoo. Development of automatic marking generation system for plate forming by line heating ［J］. Journal of Ship Production，1996，12（4）：247-253.

［115］ 陈鹏，刘璐，余飞，等. 一种仿人机械臂的运动学逆解的几何求解方法 ［J］. 机器人，2012，34（2）：211-216.

［116］ 郑棋棋，汤奇荣，张凌楷，等. 空间机械臂建模及分析方法综述 ［J］. 载人航天. 2017（01-0082-16）